한식조리

한 권의 문학서적과 인문서적이 인생을 바꾸지만, 직업교육에 필요한 전문서적은 희망과 행복을 만듭니다.

한 권의 문학 서적과 인문 서적이 인생을 바꾸지만, 한식조리 교육에 필요한 전문 서적은 희망과 행복을 만듭니다.

지구상의 모든 음식은 각 나라 마다의 고유한 특징을 갖고 있습니다. 조상들의 삶의 흐름 속에서 환경, 사회, 경제, 문화적인 변화로 인하여 식생활이 변화해 가고 있습니다. 그러나 한식만큼은 세계인의 관심 속에 숨어 있던 빛을 서서히 발하고 있습니다. 이는 우리 민족 특유의 문화적 전통이 베어 있었기 때문이라고 봅니다.

교사나 학습자가 교재를 고르는 것은 신중해질 수 밖에 없습니다. 서점의 많은 책들 중에서 책 한 권을 고르 는 것보다도, 교육 현장에서 가르치며 느낀 그대로의 맞춤형 교재가 필요하다는 것이 더 절실했기에 감히 교육전문용 한식 조리 실기 교재를 집필하게 되었습니다.

한식 조리기능사 실기 33품목을 능력 단위로 나누어 Chapter 1. 한식 기초조리실무, Chapter 2. 한식 밥 조리, Chapter 3. 한식 죽 조리, Chapter 4. 한식 국·탕 조리, Chapter 5. 한식 찌개 조리, Chapter 6. 한식 전·적 조리, Chapter 7. 한식 생채·회 조리, Chapter 8. 한식 조림·초 조리, Chapter 9. 한식 구이 조리, Chapter 10. 한식 숙채 조리, Chapter 11. 한식 볶음 조리, Chapter 12. 한식 김치 조리로 구성하였습니다.

본 교재는 자격증 실기 시험 시 필요한 주의 사항을 수십 년 간의 교육 경험과 현장에서의 노하우를 토대로 집필하였습니다. 또한 초보자들이 쉽게 이해할 수 있도록 조리 과정을 설명하여 수험생들의 학습에 보탬이 되도록 노력했습니다.

급변하는 외식산업의 발전에 부응하기 위하여, 우수한 한식 조리 기능사의 배출에 기여 하고자 합니다.
본 교재는 국가 기술 자격 검정의 출제 기준에 입각한 조리법 교육에 정확한 지침서가 될 수 있으리라 확신합니다.

촬영과 편집에 수고해주신 씨엠씨 황익상 실장님과 성남요리학원 이지연 선생님을 비롯하여 한국음식문화직업전문학교와 성남외식조리직업전문학교의 선생님들에게 감사의 인사를 드립니다.
여러분들의 성공을 기원드립니다.

저자 드림

목 차

한식음식의 특징   10   1. 한국음식의 상차림
                                2. 양념과 고명
                                3. 한식 기본 썰기

한식 조리기능사
실기 33품목

24   **Chapter 1. 한식 기초조리실무**
① 재료 썰기

26   **Chapter 2. 한식 밥 조리**
② 콩나물밥 | ③ 비빔밥

30   **Chapter 3. 한식 죽 조리**
④ 장국죽

32   **Chapter 4. 한식 국 · 탕 조리**
⑤ 완자탕

34   **Chapter 5. 한식 찌개 조리**
⑥ 두부젓국찌개 | ⑦ 생선찌개

38   **Chapter 6. 한식 전 · 적 조리**
⑧ 생선전 | ⑨ 육원전 | ⑩ 표고전 | ⑪ 섭산적
⑫ 화양적 | ⑬ 지짐누름적 | ⑭ 풋고추전

52   **Chapter 7. 한식 생채 · 회 조리**
⑮ 무생채 | ⑯ 도라지생채 | ⑰ 더덕생채
⑱ 겨자채 | ⑲ 육회 | ⑳ 미나리강회

64   **Chapter 8. 한식 조림 · 초 조리**
㉑ 두부조림 | ㉒ 홍합초

68   **Chapter 9. 한식 구이 조리**
㉓ 너비아니구이 | ㉔ 제육구이 | ㉕ 북어구이
㉖ 더덕구이 | ㉗ 생선양념구이

78   **Chapter 10. 한식 숙채 조리**
㉘ 잡채 | ㉙ 탕평채 | ㉚ 칠절판

84   **Chapter 11. 한식 볶음 조리**
㉛ 오징어볶음

86   **Chapter 12. 한식 김치 조리**
㉜ 배추김치 | ㉝ 오이소박이

94   참고문헌

95   한식조리기능사 실기 요약

한식

조리기능사 실기 33품목

한식 기초조리실무

재료 썰기 24

한식 밥 조리

콩나물밥 26

비빔밥 28

한식 죽 조리

장국죽 30

한식 국·탕 조리

완자탕 32

한식 찌개 조리

두부젓국찌개 34

생선찌개 36

한식 전·적 조리

생선전 38

육원전 40

표고전 42

섭산적 44

화양적 46

한식 생채·회 조리

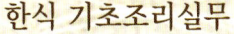
지짐누름적 48

풋고추전 50

무생채 52

도라지생채 54

 더덕생채 56
 겨자채 58
 육회 60
 미나리강회 62

한식 조림·초 조리   한식 구이 조리

 두부조림 64
 홍합초 66
 너비아니구이 68
 제육구이 70

한식 숙채 조리

 북어구이 72
 더덕구이 74
 생선양념구이 76
 잡채 78

한식 볶음 조리   한식 김치 조리

 탕평채 80
 칠절판 82
 오징어볶음 84
 배추김치 86

오이소박이 88

제 1장
한식음식의 특징

1. 한국음식의 상차림

2. 양념과 고명
   양념
   고명

3. 한식 기본 썰기

제1장 한국음식의 특징

한 나라의 식생활 양식이나 풍속은 자연적·사회적·경제적 요인들의 영향을 받으면서 오랜 역사속에서 형성되었기 때문에 독특한 전통과 다양함을 지니고 있다.
한국음식은 주식과 부식으로 구성된 일상식을 바탕으로 하며, 계절에 따라 생산되는 생선·곡류·채소 등을 사용하여 다양한 부식을 만들었고, 장류·젓갈·김치류 등의 발효식품을 만들어 저장해 두고 먹었다. 절기에 따라 명절음식과 계절음식을 만들어 이웃과 나누어 먹는 풍습이 있었고, 지역마다 특산물을 활용한 향토음식이 발달하여 우리 음식문화의 근간을 이루어 왔다.

1. 한국음식의 일반적인 특징
1) 주식과 부식이 구분되어 발달하였다.
2) 음식의 종류와 조리법이 다양하다.
3) 음식의 맛과 멋이 다채롭다.
4) 상차림이 발달하였다.
5) 지역성 있는 향토음식이 발달하였다.
6) 계절에 따른 절식과 시식이 있다.

2. 한국음식의 조리법상 특징
1) 곡물을 중히 여겨 곡물조리법이 발달하였다.
2) 습열조리가 대부분이다.
3) 조미료와 향신료가 많이 사용되나 음식마다 대부분 비슷하게 사용된다.
4) 의식동원(醫食同源), 약식동원(藥食同源)의 기본정신이 배어있다.
5) 저장식품이 발달하였다.
6) 잘게 썰고 다지는 섬세한 조리기술이 요구된다.
7) 미리 먹기 좋은 크기로 만들어 조리한다.

1. 한국음식의 상차림

최근 화려한 음식문화와의 발달은 "테이블셋팅"이라는 새로운 단어가 생기면서 예전에는 없었던 문화가 새롭게 생겨난 듯 화려해졌으나 우리나라는 예전부터 있었던 상차림 문화이다. 우리나라의 상차림은 법도가 까다로우며 예의를 존중하였다. 나무로 조각한 아름다운 상에 은빛자기의 투명하고 깨끗한 그릇 속에 담겨진 오색찬란한 전통음식은 곧 푸드스타일이며 상차림은 테이블셋팅이다. 한국 전통 음식의 상차림은 음식을 상에 구성하는 것도 법도가 있었다. 주로 오른손을 사용하여 먹는 습관을 생각하여 국물은 오른편 뜨거운 것은 앞으로, 별식은 오른편에 놓고, 찬 음식은 왼편에 놓아야 한다. 여럿이 먹는 상은 주빈을 우선으로 하지만 신선로, 구절판, 찜 등은 가운데 놓고, 각자의 밥이나 국은 개인 앞에 놓는다. 수저는 오른편에 놓으며 안쪽으로 숟가락, 밖으로 젓가락을 놓는다. 사각반에 독상이나 겸상은 수저를 옆으로 놓으나 교자상에는 세로로 놓는다. 상의 모양은 네모난 것이나 둥근 것을 사용하였다. 그러나 현대에 맞게 먹을 만큼의 양만 차려 자신의 취향과 격에 맞도록 변형할 수 있다.

서양식의 시간 전개형인 코스 상차림에 비하여 한국음식의 상차림은 모든 음식을 한꺼번에 차려내는 평면 전개형이다. 우리음식에는 불포화지방산이 다량 함유된 식재료와 참기름, 들기름을 사용하여 조리하기 때문에 시간이 지나도 영양이나 색이 많이 변하지 않는 장점을 갖고 있다. 따라서 한꺼번에 상 전체를 음식으로 장식하는 한국식 테이블셋팅에는 아무런 문제가 없다. 우리나라 상차림은 격식과 법도가 있되 고정화되지 않은, 자유롭고 다양한 상차림이었다.

반상차림처럼 3, 5, 7, 9, 12첩의 상차림이나 주안상, 다과상, 죽상 등은 독상으로 차려졌으며 회갑연에서도 앞의 고임은 먹지 않고 보기만 하는 망상으로 잔치가 끝나면 친지들에게 나누어 정을 표현하였고, 주인공이나 주빈들은 각자 독상을 받았다. 조선시대 유교 사상과 가부장적이 문화가 쇠퇴하면서도 사대부나 귀족 계통의 사람들은 여전히 독상이었고 중민급 이하 서민계통은 모둠상 이었다. 좌식 생활을 하던 시대, 할아버지나 아버지는 독상이나 겸상이었지만 그 외 가족들은 둥그런 두레 반상에 함께 먹었다. 한일합방 이후 6.25 남북 전쟁을 거치면서 입식인 식탁이 가정으로 들어오면서 서구의 식탁 문화와 함께 여럿이 함께 먹는 식사 형태로 바뀌게 되었다.

1. 반상차림

밥과 주식류가 함께 차려지는 한국 음식의 상차림은 전통적으로 독상이 기본이며, 밥상을 3첩, 5첩, 7첩, 9첩, 12첩 상차림으로 구분할 수 있다. 3첩은 서민들의 밥상이었고 5첩은 중류 가정의 상차림이었으며 7첩, 9첩은 여유 있었던 사대부가의 상차림이다.

① 3첩 반상차림
   국, 밥, 물김치, 배추김치, 간장이 기본 음식이며 숙채나 생채, 구이류, 밑반찬인 장아찌나 마른 반찬 중 한 가지를 올린다.
② 5첩 반상차림
   국, 밥, 물김치, 배추김치나 깍두기, 간장이 기본음식이며, 생채나 숙채 중1개, 조림이나 구이 중 1개, 전, 마른반찬이나 젓갈, 장아찌 중 한 가지를 올린다.
③ 7첩 반상차림
   국, 밥, 물김치, 배추김치나 깍두기, 간장, 찌개, 새우젓국찌개, 찜(선)이나 전골 중1개, 간장, 초간장, 초고추장류는 3개를 놓아 기본적인 상차림이다. 그외 찬품류로 들어가는 음식으로 숙채, 생채, 구이, 조림, 전, 마른찬이나 장아찌 젓갈 중1개를 올린다.
④ 9첩 반상차림
   국, 밥, 물김치, 배추김치, 깍두기, 간장, 된장찌개, 고추장감정, 찜(선, 전골 중1개, 간장, 초간장, 초고추장 류는 3개를 놓아 기본적인 상차림이다. 그 외 찬품류로는 숙채, 생채, 구이, 조림, 전, 마른반찬, 회, 편육, 젓갈, 장아찌이다.
⑤ 12첩 반상차림
   국, 밥, 물김치, 배추김치, 깍두기, 된장찌개, 새우젓국찌개, 찜(선)이나 전골 중 1개, 간장, 초간장, 초고추장류는 3개를 놓아 기본적인 상차림이다. 그외 찬품류는 숙채(시금치나물), 생채(도라지생채), 구이류는 너비아니구이(더운구이), 더덕구이(찬구이), 병어조림, 수란, 김구이, 북어무침, 오이통장과, 전(광어전, 간전), 다시마튀각, 새우젓갈 등이 있다.

2. 죽상차림

고려조부터 조선시대까지 우리나라 사람들의 정서 속에는 의식동원(醫食同源) 이라는 음식에 대한 깊은 신뢰가 뿌리 박혀 있었다.

그렇게 발전된 음식 문화가 약선(藥膳) 음식이다. 글자대로 풀이한다면 약(藥)자는 '치료하다' '고치다'의 뜻이며, 선(膳)자는 반찬선 자로, 반찬 즉 음식으로 치료한다는 뜻이다. 그러나 음식을 조리하면서 기능성인 역할과 효과와 보약이 되기도 하는 식품의 재료를 넣어 조리하는데 그 식품 재료는 한약 재료

로 이용 되기도 하며 한약 재료를 넣어 조리한 음식을 약선음식이라 한다.

특히, 죽 음식은 병후 회복기 환자나 어린아이 이유식, 노인식에 이용된다. 조리법과 재료처리에 따라 다르게 조리되며 음식명도 달라진다. '응이류'는 곡물을 곱게 갈아 앙금을 만들어 두었다가 마시기 쉽도록 끓인 음식이고, '미음류'는 쌀에 물을 붓고 끓이다 체에 밭여서 만든 음식이다. 죽은 재료에 따라서 흰 죽, 두태죽, 장국죽, 어패류죽, 잣죽 등이 있고, 쌀을 통으로 끓인 옹근죽, 쌀을 반쯤 갈아서 끓인 원미죽, 전체를 갈아 끓인 죽 등이 있다.

3. 면류 및 떡국상차림

아침저녁의 식사라기보다는 점심이나 잔칫상, 손님접대용 상차림, 혹은 별식으로 먹는 음식으로 국수, 만둣국, 떡국 등을 주식으로 하며 그 외 찬품을 차리는 상이다.

종류로는 온면, 냉면, 만둣국, 떡국, 수제비(칼국수) 등이 있다.

주식류의 음식은 주로 면류로써 약간의 영양이 부족하거나 또는 잔치 음식이나 손님 접대용으로 간단히 차려지는 상차림으로 준비한 일품 음식이나 떡, 한과류, 음료등과 함께 올리는 상이다. 부식으로는 찜류, 잡채, 겨자채, 편육, 전류 등이며 김치, 나박 김치류와 음료, 과일류와 함께 구성할 수 있다.

4. 주안상

주류(술)를 대접할 때 내는 상으로 손님의 기호, 술의 종류(청주, 약주, 양주, 맥주)에 따라 음식이 달라진다. 보통 약주를 내는 상에는 육포, 어포 등 마른안주와 전이나 편육, 신선로 등이 오르고 얼큰한 찌개 등을 낸다. 양주를 낼 때는 마른 구절판이나 인삼정과 등을 내고 과일안주와 쭈구미 숙회 등 계절에 따른 물기 있는 음식을 내면 적당하다.

5. 교자상

축하연이나 회갑상, 명절 등에 차리는 상으로, 주된 음식은 상의 중심에 놓고 국물 있는 음식은 한 사람분씩 작은 그릇에 내면 더욱 좋다. 주식으로는 밥과 국 일품음식을 함께 내기도 하고 국수나 떡국, 만둣국을 내기도 한다. 찬품으로는 주안상과 장국상에 내는 음식과 함께 편류(떡), 한과류, 수정과, 식혜 등이 있으나 먹고 난 후 다과를 내면 좋다.

6. 다과상

손님 접대시나 평상시 다과만을 내는 상이나 주안상과 교자상 후에 내는 다과상으로 분류되는데 다과상일 때는 떡과 조과를 많이 준비하고 후식상인 경우 한두 가지만 준비한다. 계절에 따라서 제철에 나는 과일이나 음식을 준비하면 된다.

7. 궁중 상차림

궁중의 임금이나 왕비에게 올리는 일상적인 상차림을 궁중 용어로 수라상이라 한다.
「원행을묘정리의궤」의 궁중식 상차림의 종류에는 일상식(日常食)과 의례음식(儀禮飮食)으로 구분되며 일상식은 수라상(밥수라, 죽수라, 미음상, 晝茶別盤果(주다별반과), 조다소반과(早茶小盤果), 주다소반과(晝茶小盤果), 만 다소반과(晚茶小盤果), 야다소반과(夜茶小盤果) 등이 있다. 의례음식은 진찬상 등으로 구분되었다. 현재 전해져 내려온 궁중의 반상차림은 12첩인 수라상을 기본음식으로 원반에는 백반, 곽탕, 청장, 초장, 초고추장, 토구, 북어보푸라기, 구이(냉), 구이(온), 회, 초나물, 수란, 전유어, 마늘장아찌, 생채, 조림, 편육, 찌개(새우젓), 찌개(된장), 찜(선), 깍두기, 배추김치, 동치미를 놓으며, 곁반에는 팥밥, 곰탕, 숭늉, 공 그릇 2개 은수저5벌, 뚜껑, 육수, 생란, 참기름, 생야채, 소고기, 화로와 전골냄비, 수저집, 휘건 등이 놓여진다.
그러나 문헌 '원행을묘정리의궤'의 12첩 반상에서는 백반, 생치연포, 생복만두탕, 숙육초, 석화, 잡육구이, 불염민어, 치포 등 자반, 수란, 웅어회, 석화해, 파, 미나리채, 오이김치, 치저, 간장, 초장, 고추장, 낙지탕, 세갈비, 숭어, 적, 휘건으로 현존하던 수라상 차림과 많이 달랐다.

2. 양념과 고명

양념

음식의 맛은 그 음식에 사용된 식품 자체의 맛이 있으면서 각 음식 특유의 맛을 더하게 되는데, 이 특유의 음식맛을 내는 데 쓰이는 재료를 양념이라고 한다.

양념은 조미료와 향신료로 나눌 수 있다. 조미료는 짠맛·단맛·신맛·매운맛·쓴맛의 기본맛을 내는 것들로 소금, 간장, 고추장, 된장, 식초, 설탕 등이 있다.

향신료는 식품 자체가 지닌 좋지 않은 냄새를 없애거나 감소시키고, 자체의 향기로 음식의 맛을 더욱 좋게 하며 파, 마늘, 생강, 겨자, 고추, 후추, 참기름, 깨소금, 산초 등이 있다.

1. 소금

소금은 요리의 맛을 결정하는 가장 기본적이며 중요한 조미료이다. 음식의 간을 낼 뿐만 아니라 수렴작용 및 단백질을 부드럽게 하는 작용을 한다.

소금은 중요한 조미료임에는 틀림없지만 너무 많이 섭취하면 고혈압을 비롯한 성인병을 유발하기 때문에 적당량을 지키는 것이 매우 중요하다.

소금의 종류는 호렴·재렴·재제염·식탁염·맛소금 등으로 나눌 수 있다.

- **호렴** : 거칠고 굵은 소금으로 염화나트륨의 함유량이 95% 이상이다. 대부분 장을 담그거나 채소나 생선의 절임용으로 쓰인다.
- **재렴** : 호렴에서 불순물을 제거한 것으로 재제염보다는 거칠고 굵으며 간장을 담그거나 채소, 생선의 절임용으로 쓰인다.
- **재제염** : 보통 '꽃소금'이라고 하는데 희고 입자가 고운 소금으로 가정에서 가장 많이 쓰인다.
- **식탁염** : 천일염이 아니고 이온교환법에 의해 만들어진 소금으로 정제도가 아주 높고 설탕처럼 고운 입자로 되어 있다. 음식의 간을 맞추거나 식탁용으로 쓰인다.
- **맛소금** : 소금에 글루타민산 나트륨 등 화학조미료 약 1%를 첨가한 것으로 식탁용으로 쓰인다.

음식에 소금을 첨가하면 다른 조미료의 맛이 중화되거나 강해지게 한다
식초를 이용한 요리에 소량의 소금을 첨가하면 신맛이 부드럽게 중화되어 보다 맛있게 느껴지고, 설탕을 이용한 요리에 소량의 소금을 첨가 시에는 단맛이 강화된다. 단백질 식품에 소금을 첨가하면 표면의 단백질이 응고되어 속에 있는 맛 성분이 밖으로 빠져오지 않는다.
삼투압 작용을 이용하여 무침이나 절임, 생선, 건어물 등에 폭넓게 이용할 수 있으며, 녹색 채소를 데칠 때 소금을 첨가시 더욱 선명하게 하며, 사과를 깎은 후 소금물에 담가 갈변을 방지할 수도 있다.
소금을 1%정도 첨가할 때 요리의 맛(염미)을 증가시키고, 호염성균(비브리오)를 제외하고는 12% 정도 일 때 세균의 번식을 막아 염장법에 사용된다
메주를 소금물에 담가 숙성시키므로 아미노산, 당질, 지방산, 방향물질 등이 생기고 아미노카보닐반응에 의해 된장, 간장의 색이 갈변된다.

2. 간장

간장과 된장은 콩으로 만든 우리 고유의 발효식품이다. 메주를 소금물에 담궈 숙성시켜 얻은 아미노산의 감칠맛과 알코올, 에스테르 등의 방향, 짠맛 및 단맛을 지닌 종합적인 조미료라고 할 수 있다.
간장을 담고 햇수에 따라 5년 진간장, 2년 중간장, 1년 묽은간장 등으로 나눌 수 있다.

순수한 우리 나라식으로 콩만을 가지고 만든 것과 일본간장과 같이 콩에다 밀과 전분질 원료를 곁들여 만든 것이 있고, '아미노산 간장'이라 하여 단백질을 가수분해시켜 속성으로 만든 것 등 많은 종류의 간장이 있다. 시중에서 시판되는 흔히 '조선간장'이라고 말하는 국간장은 우리의 재래식 간장(조선간장) 혹은 그것과 같은 방법으로 제조된 상품화된 간장을 말하며, 염도는 20% 정도로 진간장에 비해 색깔이 흐리고 간이 짜다. 국이나 찌개에 주로 사용되며 요리 재료의 색깔을 살리고자 할 때 주로 사용된다.
진간장은 일반적인 간장재료(메주, 소금 등)에 캐러멜과 과당을 넣어 만든 간장으로 색깔이 검고 단맛이 나며, 국간장의 염도는 17%정도가 적당하고, 조림, 구이, 찜 등에 주로 사용한다.

3. 된장

된장은 한국적인 맛을 상징하는 저장성 조미식품이며 탄수화물 위주의 식생활에 단백질을 보완할 수 있는 대두가공식품으로(단백질량이 높고 아미노산 구성도 좋으며 소화율도 85%) 제조방법에 따라 재래된장과 개량된장으로 나눌 수 있다.

재래된장은 그 종류가 다양하며 막된장·토장·막장·감북장·즙장·청국장·집장·두부장 등이 있다.
재래된장은 옛날부터 가정에서 만들어온 방법으로 간장을 뽑아낸 나머지에 소금을 더 넣어 된장을 만들었지만 영양가를 고려하여 간장과 별도로 담그기도 하였다.
재래식 된장은 오래 끓일수록 맛이 진해지고 감칠맛이 나며 요리의 비린맛을 없애주고 흡착력과 보존성이 뛰어날 뿐만 아니라 구수한 맛이 한층 입맛을 돋우어 준다.

4. 고추장

고추장은 고추가 우리 나라에 처음 들어온 16세기 이후에 개발된 장류로서 조선 후기이후의 식생활 양식에 큰 변화를 주었다. 된장, 간장과 함께 우리 나라 고유의 전통 발효 저장 식품이고 조미와 향신의 두 가지 역할을 한다. 자극적이고 매운 것이 특징이며, 주원료로 보리, 찹쌀, 밀가루 같은 곡류에 메줏가루, 고춧가루, 엿기름, 소금이 들어간다. 찹쌀을 가루로 곱게 빻아 엿기름 물에 넣고 끓인 다음 메줏가루에 섞어가며 혼합한다. 여기에 고춧가루를 넣고 소금으로 간을 맞추어 숙성시키면 고추장이 완성된다.

경상도 전라도 지방에서는 메줏가루 대신 조청을 고아서 엿고추장을 만들기도 한다. 이렇듯 고추장은 콩에서 얻은 단백질과 구수한맛, 곡류에서 얻은 당질과 단맛, 고춧가루에서 얻은 붉은색과 매운맛, 소금에서 얻은 짠맛 등이 조화롭게 한데 어우러진 영양적으로 우수한 식품이라고 할 수 있다.

고추장은 쓰이는 용도도 다양해서 국, 찌개, 생채, 숙채, 조림, 구이, 볶음 등 거의 모든 조리에 사용할 수 있다. 볶아서 바로 찬으로도 먹을 수도 있고, 고기 등을 먹을 때는 쌈장, 회 등을 먹을 때는 초고추장, 비빔밥이나 비빔국수에는 양념고추장으로 쓰이기도 한다.

5. 설탕

단맛을 내는 조미료로서 사탕수수나 사탕무의 즙을 농축시켜 만드는데, 순도가 높을 수록 단맛이 산뜻해지며, 원료와 가공방법에 따라 흑설탕·황설탕·흰설탕·그래뉴당·모래설탕·얼음설탕 등으로 나뉘며, 감미의 정도는 흑설탕·황설탕·흰설탕 순이다.

조청은 곡류를 엿기름으로 당화시켜 오래 고아서 걸쭉하게 만든 묽은 엿으로 한과류와 밑반찬용의 조림에 많이 쓰여진다. 엿은 조청을 더 오래 고아서 되직한 것을 식혀 굳히는 것으로 간식이나 기호식품으로 이용한다.

꿀은 가장 오래된 천연감미료로 약 80%가 과당과 포도당이어서 단맛이 강하고, 흡습성이 있어 음식의 건조를 막고 과자, 떡, 정과 등에 많이 쓰이며, 만병통치의 효능이 있어 약재로도 많이 쓰이나 고가이기 때문에 음식의 감미료로 사용되지는 않는다.

6. 술

생선이나 육류 요리에 주로 사용하며 생선은 비린내를 없애주고, 육류는 고기를 연하게 하고 육류 특유의 누린내를 제거해 줄 뿐 아니라 풍미를 더해 준다.

7. 식초

신맛을 내는 조미료로서 음식에 사용시 청량감을 주고 생리적으로 식욕을 증가 시키며, 소화액의 분비를 촉진시켜 소화흡수도 돕는다. 식초는 크게 양조식초·합성식초·혼성식초로 나뉘는데, 양조식초는 곡물이나 과실을 원료로 하여 발효시켜 만든 것으로 원료에 따라 쌀초·술찌개미초·엿기름초·현미초·포도주초·사과초·주정초·소맥초 등이 있고, 합성식초는 물로 희석한 다음 식초산이 3~4%가 되도록 한 것으로 양조식초보다는 온화하고 감칠맛이 없고. 또한 혼성식초는 양조식초와 합성식초를 혼합한 것이다.

한국 음식에서 식초는 대개 차가운 음식인 생채와 겨자채, 냉국 등에 넣어 신맛을 낸다. 그러나 식초는 녹색의 엽록소를 누렇게 변색시키므로 푸른색 나물에는 먹기 직전에 넣어야 한다.

8. 참기름

우리나라 음식에 고소한 향과 맛을 내는 데 가장 널리 쓰이는 조미료로서 참깨를 볶아서 짠다. 참기름은 나물을 무칠 때와 약과, 약식 등을 만들 때 많이 쓰이며, 고기양념 등 향을 내기 위해 거의 모든 음식에 사용하나, 발연점이 낮고 불포화 지방산이 많아 튀김기름으로는 사용하지 않는다.

9. 들기름

들깨를 볶아서 짠 것으로 참기름과는 다른 고소하고 독특한 냄새가 난다. 김에 발라 굽거나 나물을 무치는 데 사용하며, 들깨는 기름으로 짜서 쓰는 것 외에 들깨를 그대로 갈아서 즙을 만들어 나물을 무치거나 냉국과 된장국에 넣기도 한다.

10. 후추

매운맛을 내는 향신료로서 열대지방에서 나는 다년생 나무의 열매로 세계적으로 가장 널리 쓰이는 향신료이고, 우리 나라에는 고려 때 수입되었다는 기록으로 보아 고추보다 먼저 사용되었다. 후추는 생선이나 육류의 비린내를 제거하고 음식의 맛과 향을 좋게 하며 식욕도 증진시킨다.

검은 후추는 미숙된 후추열매를 천일건조하여 갈아서 사용하는데, 향이 강하고 색이 검으므로 육류와 색이 진한 음식에 사용하고, 흰 후추는 완숙된 후추열매를 물에 담궈 껍질을 벗긴 것으로 매운맛과 향은 약하나 색이 연하여 흰살생선이나 채소류 등의 음식에 주로 쓴다. 통후추는 육류를 삶거나 육수를 만들 때, 차를 다릴 때, 배숙 등 음료에도 쓰인다.

11. 겨자

갓의 씨를 가루로 빻은 것으로 건조할 때는 매운맛이 없으나 따뜻한 물에 개어공기 중에 방치하면 겨자 특유의 매운맛이 난다. 재래종은 물에 개어 따뜻한 곳에 엎어 두어야 매운맛이 났으나, 개량종은 바로 개어서 고루 저어 주면 바로 매운맛이 난다. 매운맛이 나면 설탕, 식초, 소금 등으로 조미하여 겨자집을 만들어 먹는데, 겨자의 독특한 매운맛은 식욕을 돋우고, 적당히 위를 자극하여 소화작용을 좋게 한다.

12. 파

파는 자극성 냄새와 독특한 맛으로 향신료 중에서 가장 많이 쓰이는 것으로 굵은 파·실파·쪽파·세파 등이 있으며, 출하시기가 각각 다르다. 여름철에는 가늘고 푸른 부분이 많은 파가 많고, 가을철에는 굵고 흰 부분이 많은 파가 주로 생산된다. 파의 흰 부분은 다지거나 채썰어 양념으로 쓰고, 파란 부분은 채썰거나 어슷썰어 국이나 찌개에 넣는다. 파의 매운맛을 내는 물질은 가열하면 향미 성분이 부드러워지고 단맛이 강해진다.

13. 마늘

마늘은 독특한 자극성의 맛과 향기로 파와 더불어 많이 쓰이고, 특히 육류의 누린내를 제거하고 마늘 특유의 영양소인 생리활성물질이 들어 있기 때문에 육류 요리에는 빠지지 않는다. 또한 강한 살균작용과 보온효과가 있기 때문에 감기나 냉증에도 좋으며 가래를 잘 나오게 하므로 기관지염에도 도움이 된다. 마늘은 육쪽인 밭마늘이 육질이 단단하며 오래 보관할 수 있어 나물 무칠 때, 양념장 등에 골고루 쓰인다. 또한 풋마늘은 채썰어 양념으로도 쓰고 일반 채소처럼 쓰인다.

14. 생강

생강은 쓴맛과 매운맛을 내며 강한 향을 가지고 있어 생선이나 육류의 비린내를 없애주고 연하게 하는 작용을 한다. 특유의 톡 쏘는 향기와 매운맛은 식욕을 증진시키고, 소화도 촉진할 뿐 아니라 신진대사를 활발하게 하므로 약재로도 많이 사용한다. 음식을 조리 할 때 생강은 재료가 어느 정도 익은 후에 넣는 것이 효과적이다.

15. 깨소금

참깨를 깨끗이 씻어 불순물을 제거 후 물기를 빼서 볶아 소금을 약간 넣고 함께 빻은 것이고, 실깨는 겉껍질이 없어지게 말끔히 씻어 뽀얗게 볶은 것이다. 볶을 때는 팬이나 두꺼운 냄비에 나무주걱으로 저으면서 볶아 깨알이 익어 통통하게 되고 손끝으로 비벼서 으깰 수 있도록 볶는 것이 알맞다. 볶아서 오래 두면 습기가 스며들어 눅눅해지고 향이 없어지므로 되도록 조금씩 볶아서 뚜껑을 꼭 막아 두고 쓰도록 한다. 참깨에는 피부를 윤기 있게 하고 노화를 방지해 주는 성분이 있으며, 참깨에 함유되어 있는 비타민 E는 항산화 성분이 있다.

16. 계피

계수나무의 껍질을 말린 것으로 두껍고 큰 것은 '육계'라 하며, 가는 나뭇가지를 '계지'라 한다.
육계는 가루로 만들어 떡류 한과류 숙실과에 많이 이용하며, 계지는 물을 붓고 다려서 수정과의 국물이나 계피차로 이용한다.

고명

고명은 음식 위에 뿌리거나 얹는 것으로, 맛을 내기보다는 장식을 하는데 주목적이 있다. '웃기', '꾸미'라고도 불리는 고명은 자연식품이 지닌 색 그대로를 사용하는데, 5행설에 따라 흰색, 노란색, 빨간색, 검정색, 녹색의 5가지 자연색을 쓴다. 고명으로 장식된 음식은 모양과 빛깔이 돋보이고 식욕을 자극한다.

1. 달걀지단, 줄알

달걀을 노른자와 흰자로 분리해서 소금을 약간 넣고 거품이 일지 않게 잘 거른 다음, 식용유를 두르고 약한불에서 얇게 펴서 부친다. 식은 후 용도에 따라 채썰기나 골패형, 마름모형 등으로 썬다. 채썬 것은 주로 나물에, 골패형은 국·탕·찜·전골 등에, 마름모형은 면·만두·찜 등에 쓰인다.
줄알은 달걀을 풀어 소금과 후춧가루를 약간 넣고 끓는물이나 고깃국물에 넣었다가 재빨리 건진 것으로 국수의 꾸미로 사용한다.

2. 알쌈

알쌈은 쇠고기를 곱게 다져서 양념하여 콩알 크기로 둥글게 만들어 팬에 기름을 두르고 익혀낸 다음, 황백으로 분리하여 풀은 달걀을 팬에 한 숟가락씩 떠놓고 반쯤 익으면 쇠고기 익힌 것을 놓고 반으로 접어 반달 모양으로 지진다. 신선로 등의 고명으로 사용한다.

3. 고기완자

소고기를 곱게 다져 으깬 두부, 소금, 파, 마늘, 후춧가루, 참기름등으로 양념하고 새알만하게 빚은 다음 밀가루를 입히고 달걀물을 씌워 식용유를 두른 팬에 굴려가며 전체를 고르게 지진다. 신선로나 찜에 넣은 것은 작게, 탕에 넣는 것은 약간 크게 만든다.
파, 마늘은 곱게 다져야 하며 깨소금을 넣지 않아도 된다.
깨소금을 넣을 경우에는 곱게 갈아서 넣도록 한다.

4. 편육

편육은 국수의 웃기로 사용되는데 끓는 물에 삶아 얇게 저며 사용한다.

5. 고기채

고기를 고기결 방향으로 곱게 채쳐서 양념하여 팬에 볶은 후 고명으로 비빔밥, 국수 등에 사용한다.

6. 미나리초대

미나리를 깨끗이 씻어 잎과 뿌리를 떼어내고 줄기만 가지런히 하여 약 10cm내외로 잘라 산적 꼬지에 끼운다. 밀가루를 묻힌 다음 달걀을 씌워 팬에서 초록색 유지하기 위해 살짝 지져낸 후 꼬지를 뺀다.
필요에 따라 골패형이나 마름모형으로 썰어 탕, 전골, 신선로 등에 넣는다.

7. 실파, 쑥갓 초대

실파는 뿌리를 다듬고 깨끗이 씻어 꼬지를 끼워 밀가루를 묻힌 다음 달걀을 씌워 팬에서 지져낸다. 골패형이나 마름모형으로 썰어 고명으로 사용한다. 쑥갓도 같은 방법으로 초대를 만들어 고명으로 쓴다.

8. 버섯

- **표고버섯** : 음식에 따라 채를 썰거나 골패형으로 썰어 볶음 다음 간장, 설탕, 다진파, 다진마늘, 참기름, 깨소금을 약간씩 넣고 양념하여 고명으로 쓴다. 두꺼우면 속 살을 저며 채 썰어 쓰고, 찜, 볶음국 등에 넣는다.

- **목이버섯** : 손으로 뜯거나 채썰어서 볶아 사용한다.

- **석이버섯** : 미지근한 물에 불리면서 뒷면을 맞붙여 소금 묻혀 비벼가며 깨끗이 씻는다. 씻은 석이는 배꼽을 뗀 후 물기제거 후 돌돌 말아서 곱게 채썰거나 골패형으로 썰어 용도에 맞게 사용한다. 또 바싹 말린 석이를 곱게 다져 가루로 만든 다음 달걀흰자에 섞어 지단을 부쳐 신선로나 전골에 쓰기도 하고 석이단자를 만들기도 한다.

9. 은행

은행은 속이 부서지지 않게 조심하면서 딱딱한 껍질을 벗기고 달구어진 팬에 기름을 두르고 소금을 약간 넣어 굴리면서 살짝 볶는다. 누렇게 볶지 않도록 유의한다. 은행이 파랗게 볶아지면 마른 면보자기나 휴지로 싸고 손으로 비벼서 속껍질을 벗겨낸다. 신선로, 찜 등에 쓰이며, 꼬지에 꿰어 마른안주로도 이용한다.

10. 통잣, 잣가루, 비늘잣

고깔을 떼고 마른 면보자기로 닦아 그대로 쓰는 통잣은 보통 화채, 수정과, 식혜 등에 띄워낸다. 잣가루는 손질한 잣을 도마 위에 한지를 깔고 곱게 다져 만들면 된다. 한지에 기름이 배면 다른 한지로 갈아가며 곱게 다진다. 육회, 잡누르미, 육포, 구절판, 전복초, 홍합초 등에 뿌리거나 초간장에 넣기도 한다.
비늘잣은 2~3쪽으로 쪼개어 어만두 규아상 어선 등에 쓴다.

11. 호두

호두는 딱딱한 껍질을 벗겨서 알맹이가 부서지지 않게 꺼내고 반으로 갈라 더운물에 초를 몇 방울 떨어뜨려 잠시 담궜다가 대꼬치 등 날카로운 것으로 속껍질을 벗긴다. 호두살은 더운물에 너무 오래 두면 잘 부서지고 오히려 껍질을 벗기기가 어렵다. 많은 양을 벗길 때는 여러번에 나누어 조금씩 담궈서 벗긴다. 찜이나 신선로, 전골 등의 고명으로 쓰인다. 속껍질을 벗긴 호두알은 녹말가루를 고루 묻혀 기름에 튀겨서 소금을 약간 뿌려 마른안주로도 쓴다.

12. 통깨, 흑임자

알이 굵은 참깨를 물에 담궈 불린 다음, 양이 적을 때에는 손으로 문질러서 하얗게 껍질을 벗기고, 많을 때에는 물기 있는 채로 절구에 넣고 볶아 쓰는데 보통은 그냥 껍질을 벗기지 않고 사용한다. 소금을 조금 넣어 빻아 쓰기도 한다.
흑임자는 씻어서 일은 후 타지 않게 볶아 고명으로 음식 위에 조금씩 뿌리거나 가루로 빻아서 다식과 떡고물을 만들 때 쓰고 죽을 쑤기도 한다.

13. 실고추

고추를 햇볕에 말려 꼭지를 떼고 반으로 갈라 씨를 뺀 다음 젖은 면보자기로 깨끗이 닦아 그대로 면보자기에 싸 두었다가 가늘게 채썰어 김치, 나물 등에 넣는다.

14. 홍고추

홍고추는 씨를 제거하고 내용물을 도려낸 후 필요한 길이로 썰어 미나리강회 등에 색깔과 맛을 주기 위한 장식으로 사용한다. 또 통으로 어슷 썰어 생선찌개나 돼지갈비찜에 사용한다.

15. 풋고추

성숙이 덜 된 어린 풋고추를 통으로 어슷 썰어 생선찌개에 사용한다.

16. 밤

단단한 겉껍질을 벗기고 창칼로 속껍질까지 깨끗이 벗긴다. 찜에는 통째로 넣고, 채를 썰어 편이나 떡고물로 하고, 삶아서 체에 걸러 단자와 경단의 고물로도 쓴다. 납작하고 얇게 썰어서 보쌈김치, 겨자채, 냉채 등에도 넣는다.

17. 대추

대추는 단맛이 있어 모든 음식에나 어울리지는 않지만, 고추와 함께 붉은색의 고명으로 쓰인다. 마른 대추를 찬물에 재빨리 씻어 마른 행주로 닦은 후, 씨를 빼내고 살만 발라내어 채로 썰어서 고명으로 쓴다. 찜에는 크게 썰어넣고, 보쌈김치·백김치 등에서 채썰어 넣으며 식혜와 차에도 채로 썰어 띄운다. 대추는 보통음식보다는 떡이나 과자류에 많이 쓰인다.

3. 한식 기본 썰기

1) 편썰기 (볶음, 무침)
재료를 길이로 자른후 얄팍하게 썰거나 원하는 두께로 고르게 얇게 써는 방법

2) 채 썰기 (생채, 구절판)
재료를 필요한 만큼 길이로 잘라서 얇게 편을 썬다음 겹쳐놓고 일정한 두께로 가늘게 써는 방법

3) 다지기 (파, 마늘)
채를 썰어서 가지런히 모아서 다시 직각으로 잘게 써는 방법

4) 막대 썰기 (무장과, 오이장과, 적)
재료를 원하는 길이로 토막낸 후 알맞은 굵기의 막대 모양으로 써는 방법

5) 골패 썰기(신선로, 전골, 임자수탕)
무, 당근, 달걀 지단의 가장자리를 잘라내어 직사각형으로 얇게 써는 방법

6) 나박 썰기 (나박 김치)
가로, 세로가 비슷한 사각형으로 반듯하고 얇게 써는 방법

7) 깍둑 썰기 (깍두기, 찌개, 조림)
무, 감자 등을 가로, 세로, 두께 모두 2cm 정도의 같은 크기로 주사위처럼 써는 방법

8) 둥글려 깎기
감자, 당근, 무 등 각이 지게 썰어진 모서리를 얇게 도려내어 둥글게 만드는 방법

9) 반달 썰기
무, 감자, 당근, 호박 등을 길이로 반을 가른후, 원하는 두께로 반달 모양으로 써는 방법

10) 은행잎 썰기
재료를 길이로 십자 모양으로 4등분 하여 원하는 두께로 은행잎 모양으로 써는 방법

11) 통 썰기
모양이 둥근 오이, 당근, 연근을 통째로 써는 방법

12) 어슷 썰기
오이, 당근, 파 등 가늘고 길쭉한 재료를 칼을 옆으로 비껴 적당한 두께로 어슷하게 써는 방법

13) 깎아 썰기
우엉 등의 재료를 칼날의 끝부분으로 연필 깎듯이 돌려가면서 얇게 써는 방법

14) 돌려 깎기
호박, 오이 등을 일정한 크기로 토막을 낸뒤에 껍질에 칼집을 넣어 얇게 돌려 깎아 내는 방법

15) 솔방울 썰기
갑오징어 등 오징어를 볶거나 데쳐서 회로 낼 때 큼직하게 모양을 내어 써는 방법

한식조리기능사 실기 33품목

한식 기초조리실무
재료썰기

한식 밥 조리
콩나물밥
비빔밥

한식 죽 조리
장국죽

한식 국·탕 조리
완자탕

한식 찌개 조리
두부젓국 찌개
생선찌개

한식 전·적 조리
생선전
육원전
표고전
섭산적
화양적
지짐누름적
풋고추전

한식 생채·회 조리
무생채
도라지생채
더덕생채
겨자채
육회
미나리강회

한식 조림·초 조리
두부조림
홍합초

한식 구이 조리
너비아니구이
제육구이
북어구이
더덕구이
생선 양념구이

한식 숙채 조리
잡채
탕평채
칠절판

한식 볶음 조리
오징어볶음

한식 김치 조리
배추김치
오이소박이

재료 썰기

Chapter 1. 한식 기초조리실무 – 기능사

✏ 요구사항

▶ 주어진 재료를 사용하여 다음과 같이 재료 썰기를 하시오.

가. 무, 오이, 당근, 달걀지단을 썰기 하여 전량 제출하시오. (단, 재료별 써는 방법이 틀렸을 경우 실격 처리)
나. 무는 채썰기, 오이는 돌려깎기하여 채썰기, 당근은 골패썰기를 하시오.
다. 달걀은 흰자와 노른자를 분리하여 알끈과 거품을 제거하고 지단을 부쳐 완자(마름모꼴)모양으로 각 10개를 썰고, 나머지는 채썰기를 하시오.
라. 재료 썰기의 크기는 다음과 같이 하시오.
  1) 채썰기 – 0.2cm×0.2cm×5cm   2) 골패썰기 – 0.2cm×1.5cm×5cm
  3) 마름모형 썰기 – 한 면의 길이가 1.5cm

 시험시간 **25분**

📋 수험자 유의사항

1) 만드는 순서에 유의하며, 위생과 숙련된 기능평가를 위하여 조리작업 시 맛을 보지 않습니다.
2) 지정된 수험자지참준비물 이외의 조리기구나 재료를 시험장내에 지참할 수 없습니다.
3) 지급재료는 시험 전 확인하여 이상이 있을 경우 시험위원으로부터 조치를 받고 시험 중에는 재료의 교환 및 추가지급은 하지 않습니다.
4) 요구사항 및 지급재료의 규격은 "정도"의 의미를 포함하며, 재료의 크기에 따라 가감하여 채점됩니다.
5) 위생복, 위생모, 앞치마, 마스크를 착용하여야 하며, 시험장비·조리기구 취급 등 안전에 유의합니다.
6) 다음 사항은 실격에 해당하여 채점 대상에서 제외됩니다.
  가) 수험자 본인이 시험 도중 시험에 대한 포기 의사를 표현하는 경우
  나) 위생복, 위생모, 앞치마, 마스크를 착용하지 않은 경우
  다) 시험시간 내에 과제 두 가지를 제출하지 못한 경우
  라) 문제의 요구사항대로 과제의 수량이 만들어지지 않은 경우
  마) 완성품을 요구사항의 과제(요리)가 아닌 다른 요리(예, 달걀말이→달걀찜)로 만든 경우
  바) 불을 사용하여 만든 조리작품이 작품특성에 벗어나는 정도로 타거나 익지 않은 경우
  사) 해당과제의 지급재료 이외 재료를 사용하거나, 요구사항의 조리기구(석쇠 등)로 완성품을 조리하지 않은 경우
  아) 지정된 수험자지참준비물 이외의 조리기술에 영향을 줄 수 있는 기구를 사용한 경우
  자) 가스레인지 화구 2개 이상(2개 포함) 사용한 경우
  차) 시험 중 시설·장비(칼, 가스레인지 등) 사용 시 시험위원 및 타수험자의 시험 진행에 위해를 일으킬 것으로 시험위원 전원이 합의하여 판단한 경우
  카) 요구사항에 표시된 실격 및 부정행위에 해당하는 경우
7) 항목별 배점은 위생상태 및 안전관리 5점, 조리기술 30점, 작품의 평가 15점입니다.
8) 시험시작 전 가벼운 몸 풀기(스트레칭) 동작으로 긴장을 풀고 시험을 시작합니다.

 **만드는 법**

 **지급 재료**

- 무 ··· 100g
- 오이 (길이 25cm) ············· 1/2개
- 당근 (길이 6cm) ··············· 1토막
- 달걀 ······································· 3개
- 식용유 ································· 20ml
- 소금 ······································ 10g

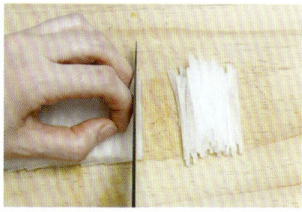

1. 무는 껍질을 벗긴 후 0.2cm 두께, 0.2cm 폭, 5cm 길이로 일정하게 채 썬다.

2. 오이는 5cm로 길이를 맞추고, 0.2cm 두께로 돌려 깎은 뒤 0.2cm 폭으로 일정하게 채 썬다.

3. 당근은 5cm로 길이를 맞추고, 1.5cm 폭, 0.2cm 두께로 썬다.

4. 달걀은 흰자, 노른자 분리하여 알끈과 거품을 제거하고, 팬에 황·백 지단을 부친다.

5. 황·백 지단은 5cm 길이, 0.2cm 폭으로 일정하게 채 썬다.
   황·백 지단은 한 면의 길이가 1.5cm 마름모꼴로 각 10개씩 썬다.

 **포인트 TIP**

1. 황·백지단은 5cm 길이보다 조금 더 길게 재단 후 채를 썰어 양끝을 정리한다.

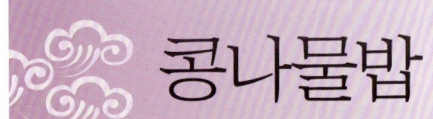

콩나물밥

Chapter 2. 한식 밥 조리 – 기능사

콩나물밥의 유래
콩나물의 사용은 고려때로 추정이 된다. 그 이후 1940년대부터 수조육류를 넣어 밥을 짓는 별미밥을 조리하기 시작했고 콩나물밥의 조리도 이때부터 본격화 되었다.

✏️ 요구사항
▶ 주어진 재료를 사용하여 다음과 같이 콩나물밥을 만드시오.

가. 콩나물은 꼬리를 다듬고 소고기는 채썰어 간장양념을 하시오.
나. 밥을 지어 전량 제출하시오.

 **시험시간 30분**

📋 수험자 유의사항
1) 만드는 순서에 유의하며, 위생과 숙련된 기능평가를 위하여 조리작업 시 맛을 보지 않습니다.
2) 지정된 수험자지참준비물 이외의 조리기구나 재료를 시험장내에 지참할 수 없습니다.
3) 지급재료는 시험 전 확인하여 이상이 있을 경우 시험위원으로부터 조치를 받고 시험 중에는 재료의 교환 및 추가지급은 하지 않습니다.
4) 요구사항 및 지급재료의 규격은 "정도"의 의미를 포함하며, 재료의 크기에 따라 가감하여 채점됩니다.
5) 위생복, 위생모, 앞치마, 마스크를 착용하여야 하며, 시험장비·조리기구 취급 등 안전에 유의합니다.
6) 다음 사항은 실격에 해당하여 채점 대상에서 제외됩니다.
    가) 수험자 본인이 시험 도중 시험에 대한 포기 의사를 표현하는 경우
    나) 위생복, 위생모, 앞치마, 마스크를 착용하지 않은 경우
    다) 시험시간 내에 과제 두 가지를 제출하지 못한 경우
    라) 문제의 요구사항대로 과제의 수량이 만들어지지 않은 경우
    마) 완성품을 요구사항의 과제(요리)가 아닌 다른 요리(예, 달걀말이→달걀찜)로 만든 경우
    바) 불을 사용하여 만든 조리작품이 작품특성에 벗어나는 정도로 타거나 익지 않은 경우
    사) 해당과제의 지급재료 이외 재료를 사용하거나, 요구사항의 조리기구(석쇠 등)로 완성품을 조리하지 않은 경우
    아) 지정된 수험자지참준비물 이외의 조리기술에 영향을 줄 수 있는 기구를 사용한 경우
    자) 가스레인지 화구 2개 이상(2개 포함) 사용한 경우
    차) 시험 중 시설·장비(칼, 가스레인지 등) 사용 시 시험위원 및 타수험자의 시험 진행에 위해를 일으킬 것으로 시험위원 전원이 합의하여 판단한 경우
    카) 요구사항에 표시된 실격 및 부정행위에 해당하는 경우
7) 항목별 배점은 위생상태 및 안전관리 5점, 조리기술 30점, 작품의 평가 15점입니다.
8) 시험시작 전 가벼운 몸 풀기(스트레칭) 동작으로 긴장을 풀고 시험을 시작합니다.

만드는 법

 ## 지급 재료

1. 소고기는 핏물제거 후 0.2cm 두께, 5cm 길이로 채썰어 간장, 다진 파, 다진 마늘, 참기름으로 양념을 하고, 콩나물은 꼬리를 다듬어 깨끗이 씻어 놓는다.

2. 불린 쌀은 헹구어 체에 건져 물기를 제거 후 계량하여 물의 비율을 맞춘다.

3. 냄비에 쌀을 넣고 콩나물을 얹은 다음, 양념된 소고기를 얹고 밥물을 부어 익힌다. 센불에서 끓이다가 물이 끓으면 약불로 줄이고 밥알이 퍼지면 불을 끄고 뜸을 들인다.

4. 밥이 고슬고슬 완성되면 완성품 그릇에 담는다.

- 쌀 (30분 정도 물에 불린 쌀) … 150g
- 소고기 (살코기) …………………… 30g
- 콩나물 ……………………………… 60g
- 대파 〈흰부분(4cm)〉 ……………… 1/2토막
- 마늘 〈중(깐 것)〉 …………………… 1쪽
- 진간장 ……………………………… 5ml
- 참기름 ……………………………… 5ml

 포인트 TIP

1. 고슬고슬한 밥이 완성되도록 콩나물 양을 감안하여 물의 양을 계량한다.
2. 완성된 밥에 소고기양념이 배어 나오지 않도록 양념을 한다.

비빔밥

Chapter 2. 한식 밥 조리 – 기능사

비빔밥의 유래
비빔밥을 한자로 골동반(汨董飯)이라 하는데 어지러울 골, 비빔밥 동 이므로 여러가지 재료가 고루 섞여 있는 밥이라는 뜻이다.

요구사항

▶ 주어진 재료를 사용하여 다음과 같이 비빔밥을 만드시오.

가. 채소, 소고기, 황·백지단의 크기는 0.3cm × 0.3cm × 5cm로 써시오.
나. 호박은 돌려깎기하여 0.3cm × 0.3cm × 5cm로 써시오.
다. 청포묵의 크기는 0.5cm × 0.5cm × 5cm로 써시오.
라. 소고기는 고추장 볶음과 고명에 사용하시오.
마. 담은 밥 위에 준비된 재료들을 색 맞추어 돌려 담으시오.
바. 볶은 고추장은 완성된 밥 위에 얹어내시오.

 **시험시간 50분**

수험자 유의사항

1) 만드는 순서에 유의하며, 위생과 숙련된 기능평가를 위하여 조리작업 시 맛을 보지 않습니다.
2) 지정된 수험자지참준비물 이외의 조리기구나 재료를 시험장내에 지참할 수 없습니다.
3) 지급재료는 시험 전 확인하여 이상이 있을 경우 시험위원으로부터 조치를 받고 시험 중에는 재료의 교환 및 추가지급은 하지 않습니다.
4) 요구사항 및 지급재료의 규격은 "정도"의 의미를 포함하며, 재료의 크기에 따라 가감하여 채점됩니다.
5) 위생복, 위생모, 앞치마, 마스크를 착용하여야 하며, 시험장비·조리기구 취급 등 안전에 유의합니다.
6) 다음 사항은 실격에 해당하여 채점 대상에서 제외됩니다.
   가) 수험자 본인이 시험 도중 시험에 대한 포기 의사를 표현하는 경우
   나) 위생복, 위생모, 앞치마, 마스크를 착용하지 않은 경우
   다) 시험시간 내에 과제 두 가지를 제출하지 못한 경우
   라) 문제의 요구사항대로 과제의 수량이 만들어지지 않은 경우
   마) 완성품을 요구사항의 과제(요리)가 아닌 다른 요리(예, 달걀말이→달걀찜)로 만든 경우
   바) 불을 사용하여 만든 조리작품이 작품특성에 벗어나는 정도로 타거나 익지 않은 경우
   사) 해당과제의 지급재료 이외 재료를 사용하거나, 요구사항의 조리기구(석쇠 등)로 완성품을 조리하지 않은 경우
   아) 지정된 수험자지참준비물 이외의 조리기술에 영향을 줄 수 있는 기구를 사용한 경우
   자) 가스레인지 화구 2개 이상(2개 포함) 사용한 경우
   차) 시험 중 시설·장비(칼, 가스레인지 등) 사용 시 시험위원 및 타수험자의 시험 진행에 위해를 일으킬 것으로 시험위원 전원이 합의하여 판단한 경우
   카) 요구사항에 표시된 실격 및 부정행위에 해당하는 경우
7) 항목별 배점은 위생상태 및 안전관리 5점, 조리기술 30점, 작품의 평가 15점입니다.
8) 시험시작 전 가벼운 몸 풀기(스트레칭) 동작으로 긴장을 풀고 시험을 시작합니다.

만드는 법

1. 불린 쌀을 계량한 뒤 냄비에 쌀과 물을 1:1로 넣어 밥을 짓는다.
2. 청포묵은 0.5cm×0.5cm 두께, 5cm 길이로 채썰기를 하여 소금물에 데친 후 물기를 제거한 뒤 소금, 참기름으로 밑간을 한다.
〈청포묵이 부드러우면 데치지 않아도 됨〉

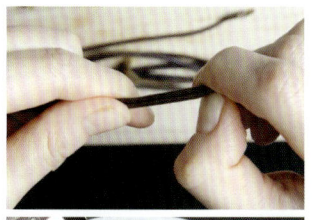
3. 고사리는 줄기부분을 5cm 길이로 자르고, 소고기 1/3은 다지고, 소고기 2/3는 0.3cm×0.3cm 두께, 5cm 길이로 채썰기를 하여 간장, 설탕, 다진 파, 다진 마늘, 후추, 참기름, 깨소금으로 양념을 한다.

4. 호박은 0.3cm 두께로 돌려깎아 채썰어 소금에 절이고, 도라지는 0.3cm×0.3cm 두께×5cm 길이로 채썰기하여 소금물에 담근 후 찬물에 한번 헹구어 물기를 짠다.

5. 팬에 식용유를 두르고 지단을 부친 뒤 0.3cm×0.3cm 두께, 5cm 길이로 채썰기를 하고, 도라지, 호박, 소고기, 고사리 순으로 각각 볶아낸다.
6. 팬에 다시마를 튀겨서 식혀 부순다.

7. 팬에 다진 소고기를 볶다가, 고추장 1큰술, 설탕 1/2큰술, 물 2큰술을 넣어 약고추장을 만든다.
8. 그릇에 밥을 담고 볶아 놓은 재료에 색을 맞춰 돌려 담은 뒤 약고추장과 다시마 튀각을 올려 완성한다.

 ## 지급 재료

- 쌀 (30분정도 물에 불린 쌀) ⋯ 150g
- 청포묵 〈중(길이 6cm)〉 ⋯ 40g
- 고사리 (불린 것) ⋯ 30g
- 소고기 (살코기) ⋯ 30g
- 애호박 〈중(길이 6cm)〉 ⋯ 60g
- 도라지 (찢은 것) ⋯ 20g
- 달걀 ⋯ 1개
- 소금 (정제염) ⋯ 10g
- 진간장 ⋯ 15ml
- 흰설탕 ⋯ 15g
- 대파 〈흰부분(4cm)〉 ⋯ 1토막
- 마늘 〈중(깐 것)〉 ⋯ 2쪽
- 검은후춧가루 ⋯ 1g
- 참기름 ⋯ 5ml
- 깨소금 ⋯ 5g
- 고추장 ⋯ 40g
- 식용유 ⋯ 30ml
- 건 다시마 (5X5cm) ⋯ 1장

 ### 포인트 TIP

1. 밥은 고슬하게 지어져야 되므로 물의 양을 조절한다.
2. 약고추장은 중불에서 끓이면서 농도를 질지 않게 맞춘다.
3. 각각의 재료는 빠짐없이 완성그릇에 담아낸다.

장국죽

Chapter 3. 한식 죽 조리 - 기능사

장국죽의 유래
장국죽은 육류와 함께 죽을 만들므로 영양적으로 우수하여 병인 회복식, 노인식, 수험생의 영양식으로 적당하다.

🖊 요구사항

▶ **주어진 재료를 사용하여 다음과 같이 장국죽을 만드시오.**

가. 불린 쌀을 반정도로 싸라기를 만들어 죽을 쑤시오.
나. 소고기는 다지고 불린 표고는 3cm의 길이로 채 써시오.

시험시간 30분

📋 수험자 유의사항

1) 만드는 순서에 유의하며, 위생과 숙련된 기능평가를 위하여 조리작업 시 맛을 보지 않습니다.
2) 지정된 수험자지참준비물 이외의 조리기구나 재료를 시험장내에 지참할 수 없습니다.
3) 지급재료는 시험 전 확인하여 이상이 있을 경우 시험위원으로부터 조치를 받고 시험 중에는 재료의 교환 및 추가지급은 하지 않습니다.
4) 요구사항 및 지급재료의 규격은 "정도"의 의미를 포함하며, 재료의 크기에 따라 가감하여 채점됩니다.
5) 위생복, 위생모, 앞치마, 마스크를 착용하여야 하며, 시험장비·조리기구 취급 등 안전에 유의합니다.
6) 다음 사항은 실격에 해당하여 채점 대상에서 제외됩니다.
   가) 수험자 본인이 시험 도중 시험에 대한 포기 의사를 표현하는 경우
   나) 위생복, 위생모, 앞치마, 마스크를 착용하지 않은 경우
   다) 시험시간 내에 과제 두 가지를 제출하지 못한 경우
   라) 문제의 요구사항대로 과제의 수량이 만들어지지 않은 경우
   마) 완성품을 요구사항의 과제(요리)가 아닌 다른 요리(예, 달걀말이→달걀찜)로 만든 경우
   바) 불을 사용하여 만든 조리작품이 작품특성에 벗어나는 정도로 타거나 익지 않은 경우
   사) 해당과제의 지급재료 이외 재료를 사용하거나, 요구사항의 조리기구(석쇠 등)로 완성품을 조리하지 않은 경우
   아) 지정된 수험자지참준비물 이외의 조리기술에 영향을 줄 수 있는 기구를 사용한 경우
   자) 가스레인지 화구 2개 이상(2개 포함) 사용한 경우
   차) 시험 중 시설·장비(칼, 가스레인지 등) 사용 시 시험위원 및 타수험자의 시험 진행에 위해를 일으킬 것으로 시험위원 전원이 합의하여 판단한 경우
   카) 요구사항에 표시된 실격 및 부정행위에 해당하는 경우
7) 항목별 배점은 위생상태 및 안전관리 5점, 조리기술 30점, 작품의 평가 15점입니다.
8) 시험시작 전 가벼운 몸 풀기(스트레칭) 동작으로 긴장을 풀고 시험을 시작합니다.

만드는 법    ## 지급 재료

1. 쌀은 깨끗이 씻어 체에 건져 물기를 제거한 뒤, 계량하고 그릇에 담아 방망이로 반 싸라기 정도로 부순다.

2. 표고버섯은 물기제거 후 두께 0.2cm, 길이 3cm로 채썰기 하고 소고기는 핏물 제거 후 곱게 다진다.

3. 파, 마늘은 곱게 다진다.

4. 다진 소고기와 표고버섯은 각각 다진 파, 다진 마늘, 진간장, 참기름, 깨소금, 후추로 간을 하고 냄비에 참기름을 두른 뒤 소고기, 표고버섯을 볶는다.

5. 냄비에 쌀을 넣어 볶고 6배의 물을 부어 센불에서 끓인다.

6. 끓기 시작하면 중불이나 약불로 줄여 쌀이 퍼지기 시작할 때 나무주걱으로 저어가며 거품을 제거하고 충분히 호화시킨다. 완성된 죽은 국간장으로 간을 하고 색을 맞추어 그릇에 담는다.

- 쌀 (30분 정도 물에 불린 쌀) … 100g
- 소고기 (살코기) … 20g
- 건표고버섯 (지름 5cm, 물에 불린 것) … 1개
- 대파 〈흰부분(4cm)〉 … 1토막
- 마늘 〈중(깐 것)〉 … 1쪽
- 국간장 … 10ml
- 참기름 … 10ml
- 깨소금 … 5g
- 검은후춧가루 … 1g
- 진간장 … 10ml

포인트 TIP

1. 불린 쌀은 정확히 계량하여 물 비율을 측정한다.
2. 완성된 장국죽의 색깔(옅은 갈색)과 농도를 맞춘다.

완자탕

Chapter 4. 한식 국·탕 조리 – 기능사

완자탕의 유래
교자상이나 주안상에 어울리는 국. 완자를 궁중에서는 봉오리라 하고, 민간에서는 모리라고 해서 봉오리탕, 모리탕이라고도 한다.

요구사항

▶ 주어진 재료를 사용하여 다음과 같이 완자탕을 만드시오.

가. 완자는 지름 3cm로 6개를 만들고, 국 국물의 양은 200mL 이상 제출하시오.
나. 달걀은 지단과 완자용으로 사용하시오.
다. 고명으로 황·백지단(마름모꼴)을 각 2개씩 띄우시오.

시험시간 30분

수험자 유의사항

1) 만드는 순서에 유의하며, 위생과 숙련된 기능평가를 위하여 조리작업 시 맛을 보지 않습니다.
2) 지정된 수험자지참준비물 이외의 조리기구나 재료를 시험장내에 지참할 수 없습니다.
3) 지급재료는 시험 전 확인하여 이상이 있을 경우 시험위원으로부터 조치를 받고 시험 중에는 재료의 교환 및 추가지급은 하지 않습니다.
4) 요구사항 및 지급재료의 규격은 "정도"의 의미를 포함하며, 재료의 크기에 따라 가감하여 채점됩니다.
5) 위생복, 위생모, 앞치마, 마스크를 착용하여야 하며, 시험장비·조리기구 취급 등 안전에 유의합니다.
6) 다음 사항은 실격에 해당하여 채점 대상에서 제외됩니다.
    가) 수험자 본인이 시험 도중 시험에 대한 포기 의사를 표현하는 경우
    나) 위생복, 위생모, 앞치마, 마스크를 착용하지 않은 경우
    다) 시험시간 내에 과제 두 가지를 제출하지 못한 경우
    라) 문제의 요구사항대로 과제의 수량이 만들어지지 않은 경우
    마) 완성품을 요구사항의 과제(요리)가 아닌 다른 요리(예. 달걀말이→달걀찜)로 만든 경우
    바) 불을 사용하여 만든 조리작품이 작품특성에 벗어나는 정도로 타거나 익지 않은 경우
    사) 해당과제의 지급재료 이외 재료를 사용하거나, 요구사항의 조리기구(석쇠 등)로 완성품을 조리하지 않은 경우
    아) 지정된 수험자지참준비물 이외의 조리기술에 영향을 줄 수 있는 기구를 사용한 경우
    자) 가스레인지 화구 2개 이상(2개 포함) 사용한 경우
    차) 시험 중 시설·장비(칼, 가스레인지 등) 사용 시 시험위원 및 타수험자의 시험 진행에 위해를 일으킬 것으로 시험위원 전원이 합의하여 판단한 경우
    카) 요구사항에 표시된 실격 및 부정행위에 해당하는 경우
7) 항목별 배점은 위생상태 및 안전관리 5점, 조리기술 30점, 작품의 평가 15점입니다.
8) 시험시작 전 가벼운 몸 풀기(스트레칭) 동작으로 긴장을 풀고 시험을 시작합니다.

만드는 법

지급 재료

1. 소고기 사태는 냄비에 찬물 3컵을 붓고 파, 통마늘을 함께 넣어 끓이고, 소고기 살코기는 핏물 제거 후 곱게 다진다. 두부는 물기 제거 후 곱게 으깨고 소금, 설탕, 다진 파, 다진 마늘, 참기름, 깨소금, 후추로 양념을 한다.

2. 양념된 소고기와 두부는 직경 3cm 정도의 완자 6개를 만든다.

3. 팬에 달걀로 황백 지단을 부쳐내어 마름모꼴로 2개씩 썰어 준비한다.

4. 완자에 밀가루 옷을 입히고 달걀물을 입혀 준다.

5. 완자를 팬에 굴려 가며 모양을 잡아 익힌다.

6. 끓는 육수에 소금과 국간장으로 간을 하여 색을 내고 완자를 넣어 끓이다가, 완자를 건져내어 그릇에 담고 국물을 200ml 이상 부은 뒤 황·백지단을 올려 완성한다.

- 소고기 (살코기) ·················· 50g
- 소고기 (사태부위) ·················· 20g
- 달걀 ···························· 1개
- 대파 〈흰부분(4cm)〉 ·············· 1/2토막
- 밀가루 (중력분) ·················· 10g
- 마늘 〈중(깐 것)〉 ·················· 2쪽
- 식용유 ···························· 20ml
- 소금 (정제염) ·················· 10g
- 검은후춧가루 ·················· 2g
- 두부 ···························· 15g
- 키친타월종이 〈주방용(소 18&20cm)〉 ·· 1장
- 국간장 ···························· 5ml
- 참기름 ···························· 5ml
- 깨소금 ···························· 5g
- 흰설탕 ···························· 5g

 포인트 TIP

1. 소고기는 핏물을 제거하고 두부는 물기를 제거하고 다진다.
2. 소고기와 두부를 혼합, 양념하고 충분히 치대준다.
3. 팬에 완자를 굴려가며 익힌다.
    (완자가 완전히 익지 않으면 국물에 불어 풀어진다.)

두부젓국찌개

Chapter 5. 한식 찌개 조리 - 기능사
두부젓국찌개의 유래

아침상이나 죽상에 어울리며, 영양이 풍부하므로 보양식에 이용되고 숙취를 해소하는 데도 권장할 만한 식품, 찌개는 궁중음식명으로는 조치라고 하며 간이 조금 강하다.

요구사항

▶ 주어진 재료를 사용하여 다음과 같이 두부젓국찌개를 만드시오.

가. 두부는 2cm × 3cm × 1cm로 써시오.
나. 홍고추는 0.5cm × 3cm, 실파는 3cm 길이로 써시오.
다. 소금과 다진 새우젓의 국물로 간하고, 국물을 맑게 만드시오.
라. 찌개의 국물은 200mL 이상 제출하시오.

시험시간 20분

수험자 유의사항

1) 만드는 순서에 유의하며, 위생과 숙련된 기능평가를 위하여 조리작업 시 맛을 보지 않습니다.
2) 지정된 수험자지참준비물 이외의 조리기구나 재료를 시험장내에 지참할 수 없습니다.
3) 지급재료는 시험 전 확인하여 이상이 있을 경우 시험위원으로부터 조치를 받고 시험 중에는 재료의 교환 및 추가지급은 하지 않습니다.
4) 요구사항 및 지급재료의 규격은 "정도"의 의미를 포함하며, 재료의 크기에 따라 가감하여 채점됩니다.
5) 위생복, 위생모, 앞치마, 마스크를 착용하여야 하며, 시험장비·조리기구 취급 등 안전에 유의합니다.
6) 다음 사항은 실격에 해당하여 채점 대상에서 제외됩니다.
   가) 수험자 본인이 시험 도중 시험에 대한 포기 의사를 표현하는 경우
   나) 위생복, 위생모, 앞치마, 마스크를 착용하지 않은 경우
   다) 시험시간 내에 과제 두 가지를 제출하지 못한 경우
   라) 문제의 요구사항대로 과제의 수량이 만들어지지 않은 경우
   마) 완성품을 요구사항의 과제(요리)가 아닌 다른 요리(예, 달걀말이→달걀찜)로 만든 경우
   바) 불을 사용하여 만든 조리작품이 작품특성에 벗어나는 정도로 타거나 익지 않은 경우
   사) 해당과제의 지급재료 이외 재료를 사용하거나, 요구사항의 조리기구(석쇠 등)로 완성품을 조리하지 않은 경우
   아) 지정된 수험자지참준비물 이외의 조리기술에 영향을 줄 수 있는 기구를 사용한 경우
   자) 가스레인지 화구 2개 이상(2개 포함) 사용한 경우
   차) 시험 중 시설·장비(칼, 가스레인지 등) 사용 시 시험위원 및 타수험자의 시험 진행을 위해를 일으킬 것으로 시험위원 전원이 합의하여 판단한 경우
   카) 요구사항에 표시된 실격 및 부정행위에 해당하는 경우
7) 항목별 배점은 위생상태 및 안전관리 5점, 조리기술 30점, 작품의 평가 15점입니다.
8) 시험시작 전 가벼운 몸 풀기(스트레칭) 동작으로 긴장을 풀고 시험을 시작합니다.

만드는 법

1. 굴은 소금물에 흔들어 가며 씻어 체에 받쳐 물기를 제거한다.

2. 홍고추는 0.5cm 두께, 3cm 길이로 썰고, 실파는 3cm 길이로 썬다.

3. 마늘을 다지고, 두부는 3cm 가로, 2cm 세로, 1cm 두께로 썰어 찬물에 헹구어 낸다.

4. 새우젓은 다져 젓국을 만든다.

5. 냄비에 물 1.5컵, 소금 1/2작은술을 넣고 끓이다가 두부, 굴, 홍고추, 다진 마늘, 새우젓국을 넣고 간을 맞춘 뒤 불을 끄고 참기름과 실파를 넣는다.

6. 찌개가 완성되면 건더기를 먼저 담고 국물 200ml 이상을 담는다.

 **포인트 TIP**

1. 굴은 소금물에 헹궈 불순물을 제거한다.
2. 두부를 썰고 난 뒤 찬물에 헹궈 부스러기를 제거한다.
3. 재료의 특성에 맞춰 넣는 순서가 중요하다.

 ## 지급 재료

- 두부 …………………………… 100g
- 생굴 (껍질 벗긴 것) …………… 30g
- 실파 …………………………… 20g (1뿌리)
- 홍고추 (생) …………………… 1/2개
- 새우젓 ………………………… 10g
- 마늘 〈중(깐 것)〉 ……………… 1쪽
- 참기름 ………………………… 5ml
- 소금 (정제염) ………………… 5g

생선찌개

Chapter 5. 한식 찌개 조리 - 기능사

생선찌개의 유래

생선찌개는 명태, 조기, 민어, 대구 등의 흰 살 생선을 토막내어 무, 호박, 고추, 쑥갓 등의 채소와 함께 고추장, 고춧가루를 넣고 매운 맛을 낸 찌개이다.

🖊 요구사항

▶ 주어진 재료를 사용하여 다음과 같이 생선찌개를 만드시오.

가. 생선은 4~5cm의 토막으로 자르시오.
나. 무, 두부는 2.5cm x 3.5cm x 0.8cm로 써시오.
다. 호박은 0.5cm 반달형, 고추는 통 어슷썰기, 쑥갓과 파는 4cm로 써시오.
라. 고추장, 고춧가루를 사용하여 만드시오.
마. 각 재료는 익는 순서에 따라 조리하고, 생선살이 부서지지 않도록 하시오.
바. 생선머리를 포함하여 전량 제출하시오.

 **시험시간 30분**

📋 수험자 유의사항

1) 만드는 순서에 유의하며, 위생과 숙련된 기능평가를 위하여 조리작업 시 맛을 보지 않습니다.
2) 지정된 수험자지참준비물 이외의 조리기구나 재료를 시험장내에 지참할 수 없습니다.
3) 지급재료는 시험 전 확인하여 이상이 있을 경우 시험위원으로부터 조치를 받고 시험 중에는 재료의 교환 및 추가지급은 하지 않습니다.
4) 요구사항 및 지급재료의 규격은 "정도"의 의미를 포함하며, 재료의 크기에 따라 가감하여 채점됩니다.
5) 위생복, 위생모, 앞치마, 마스크를 착용하여야 하며, 시험장비·조리기구 취급 등 안전에 유의합니다.
6) 다음 사항은 실격에 해당하여 채점 대상에서 제외됩니다.
   가) 수험자 본인이 시험 도중 시험에 대한 포기 의사를 표현하는 경우
   나) 위생복, 위생모, 앞치마, 마스크를 착용하지 않은 경우
   다) 시험시간 내에 과제 두 가지를 제출하지 못한 경우
   라) 문제의 요구사항대로 과제의 수량이 만들어지지 않은 경우
   마) 완성품을 요구사항의 과제(요리)가 아닌 다른 요리(예, 달걀말이→달걀찜)로 만든 경우
   바) 불을 사용하여 만든 조리작품이 작품특성에 벗어나는 정도로 타거나 익지 않은 경우
   사) 해당과제의 지급재료 이외 재료를 사용하거나, 요구사항의 조리기구(석쇠 등)로 완성품을 조리하지 않은 경우
   아) 지정된 수험자지참준비물 이외의 조리기술에 영향을 줄 수 있는 기구를 사용한 경우
   자) 가스레인지 화구 2개 이상(2개 포함) 사용한 경우
   차) 시험 중 시설·장비(칼, 가스레인지 등) 사용 시 시험위원 및 타수험자의 시험 진행에 위해를 일으킬 것으로 시험위원 전원이 합의하여 판단한 경우
   카) 요구사항에 표시된 실격 및 부정행위에 해당하는 경우
7) 항목별 배점은 위생상태 및 안전관리 5점, 조리기술 30점, 작품의 평가 15점입니다.
8) 시험시작 전 가벼운 몸 풀기(스트레칭) 동작으로 긴장을 풀고 시험을 시작합니다.

만드는 법

1. 냄비에 물 2.5컵과 고추장 1큰술을 풀고 끓이다가 무를 2.5cm x 3.5cm x 0.8cm 로 썰어 끓인다.

2. 마늘과 생강은 다지고, 두부는 2.5cm x 3.5cm x 0.8cm 두께로 썰고, 풋고추와 홍고추는 0.5cm 두께로 어슷썰기를 하여 씨를 털어낸다. 호박은 0.5cm 두께의 반달모양으로 썰고, 실파와 쑥갓은 4cm 길이로 썬다.

3. 생선은 비늘을 긁어 제거하고 아가미, 지느러미를 떼어낸 뒤, 머리를 자르고 내장을 제거한다.

4. 손질된 생선은 4~5cm 길이로 토막을 낸다. 머리의 앞 주둥이는 잘라 준다.

5. 준비해 둔 국물에 소금, 고춧가루, 생선을 넣고 끓이다가 호박, 두부, 청·홍고추를 넣어 끓인다.

6. 5의 냄비에 다진 마늘과 생강을 넣고 중간에 거품을 걷어낸 다음에 실파를 넣고 바로 불을 끈다. 그릇에 건더기를 보기 좋게 담은 뒤 쑥갓을 올리고 국물을 건더기의 2/3 정도 까지 부어 낸다.

 포인트 **TIP**

1. 건더기를 넣는 순서는 주재료에서 부재료 순이다.
2. 재료의 손질 시 국물에 넣는 순으로 손질한다.
3. 건더기의 재료는 익은 후에도 원형 그대로 있어야 된다.

 ## 지급 재료

- 동태 (300g) ··············· 1마리
- 무 ························· 60g
- 애호박 ···················· 30g
- 두부 ······················ 60g
- 풋고추 (길이 5cm 이상) ····· 1개
- 홍고추(생) ················ 1개
- 쑥갓 ······················ 10g
- 마늘 〈중(깐 것)〉 ··········· 2쪽
- 생강 ······················ 10g
- 실파 ·················· 40g (2뿌리)
- 고추장 ···················· 30g
- 소금 (정제염) ·············· 10g
- 고춧가루 ·················· 10g

생선찌개

생선전

Chapter 6. 한식 전·적 조리 - 기능사

생선전의 유래
생선전은 흰살생선을 포를 떠서 밀가루와 달걀물을 입혀 지진 전유어이다. 주로 지방이 적은 흰 살 생선을 사용하는 데 동태, 대구, 광어, 민어, 가자미 등이 있다.

요구사항

▶ 주어진 재료를 사용하여 다음과 같이 생선전을 만드시오.

가. 생선은 세장 뜨기하여 껍질을 벗겨 포를 뜨시오.
나. 생선전은 0.5cm × 5cm × 4cm로 만드시오.
다. 달걀은 흰자, 노른자를 혼합하여 사용하시오.
라. 생선전은 8개 제출하시오.

시험시간 25분

수험자 유의사항

1) 만드는 순서에 유의하며, 위생과 숙련된 기능평가를 위하여 조리작업 시 맛을 보지 않습니다.
2) 지정된 수험자지참준비물 이외의 조리기구나 재료를 시험장내에 지참할 수 없습니다.
3) 지급재료는 시험 전 확인하여 이상이 있을 경우 시험위원으로부터 조치를 받고 시험 중에는 재료의 교환 및 추가지급은 하지 않습니다.
4) 요구사항 및 지급재료의 규격은 "정도"의 의미를 포함하며, 재료의 크기에 따라 가감하여 채점됩니다.
5) 위생복, 위생모, 앞치마, 마스크를 착용하여야 하며, 시험장비·조리기구 취급 등 안전에 유의합니다.
6) 다음 사항은 실격에 해당하여 채점 대상에서 제외됩니다.
   가) 수험자 본인이 시험 도중 시험에 대한 포기 의사를 표현하는 경우
   나) 위생복, 위생모, 앞치마, 마스크를 착용하지 않은 경우
   다) 시험시간 내에 과제 두 가지를 제출하지 못한 경우
   라) 문제의 요구사항대로 과제의 수량이 만들어지지 않은 경우
   마) 완성품을 요구사항의 과제(요리)가 아닌 다른 요리(예, 달걀말이→달걀찜)로 만든 경우
   바) 불을 사용하여 만든 조리작품이 작품특성에 벗어나는 정도로 타거나 익지 않은 경우
   사) 해당과제의 지급재료 이외 재료를 사용하거나, 요구사항의 조리기구(석쇠 등)로 완성품을 조리하지 않은 경우
   아) 지정된 수험자지참준비물 이외의 조리기술에 영향을 줄 수 있는 기구를 사용한 경우
   자) 가스레인지 화구 2개 이상(2개 포함) 사용한 경우
   차) 시험 중 시설·장비(칼, 가스레인지 등) 사용 시 시험위원 및 타수험자의 시험 진행에 위해를 일으킬 것으로 시험위원 전원이 합의하여 판단한 경우
   카) 요구사항에 표시된 실격 및 부정행위에 해당하는 경우
7) 항목별 배점은 위생상태 및 안전관리 5점, 조리기술 30점, 작품의 평가 15점입니다.
8) 시험시작 전 가벼운 몸 풀기(스트레칭) 동작으로 긴장을 풀고 시험을 시작합니다.

만드는 법

1. 생선은 꼬리에서 머리방향으로 긁어 비늘을 벗기고 지느러미를 자른 뒤 머리를 제거하고 내장을 깨끗하게 손질하여 씻어준다.

2. 손질된 생선은 물기를 제거하고 밀가루와 달걀은 체에 내려 준비한다.

3. 생선은 가시를 발라내고 3장뜨기 한 뒤 껍질을 벗겨낸다.

4. 생선살은 6cm 가로, 5cm 세로, 0.4cm 두께로 8장 포뜨기를 하고 칼등으로 두들겨 두께를 고르게 맞춘 뒤 소금과 후추로 밑간을 한다.

5. 생선포에 밀가루옷을 묻히고 달걀물을 입혀준다.

6. 팬에 식용유를 두르고 약한 불에서 노릇하게 지져낸다.

지급 재료

- 동태 (400g) ·················· 1마리
- 소금 (정제염) ················ 10g
- 흰후춧가루 ··················· 2g
- 밀가루 (중력분) ·············· 30g
- 달걀 ························· 1개
- 식용유 ······················· 50ml

포인트 TIP

1. 전의 색깔을 곱게 하기 위해서는 달걀 흰자의 양을 줄인다.
2. 생선에 밀가루를 무친 후 여분의 밀가루는 반드시 털어낸다.
3. 밀가루와 달걀물은 팬에서 지지기 직전에 입힌다.
4. 생선토막 낼 때 조리 후 축소될 것을 감안하여 세로를 6cm로 자르면 좋다.

육원전

Chapter 6. 한식 전·적 조리 – 기능사

육원전의 유래
육원전은 소고기 또는 돼지고기를 곱게 다져 두부와 섞어서 양념하여 둥글납작하게 완자를 빚어서 지진 전유어이다.

✏️ 요구사항

▶ **주어진 재료를 사용하여 다음과 같이 육원전을 만드시오.**

가. 육원전은 지름 4cm, 두께 0.7cm가 되도록 하시오.
나. 달걀은 흰자, 노른자를 혼합하여 사용하시오.
다. 육원전은 6개를 제출하시오.

 **시험시간 20분**

📋 수험자 유의사항

1) 만드는 순서에 유의하며, 위생과 숙련된 기능평가를 위하여 조리작업 시 맛을 보지 않습니다.
2) 지정된 수험자지참준비물 이외의 조리기구나 재료를 시험장내에 지참할 수 없습니다.
3) 지급재료는 시험 전 확인하여 이상이 있을 경우 시험위원으로부터 조치를 받고 시험 중에는 재료의 교환 및 추가지급은 하지 않습니다.
4) 요구사항 및 지급재료의 규격은 "정도"의 의미를 포함하며, 재료의 크기에 따라 가감하여 채점됩니다.
5) 위생복, 위생모, 앞치마, 마스크를 착용하여야 하며, 시험장비·조리기구 취급 등 안전에 유의합니다.
6) 다음 사항은 실격에 해당하여 채점 대상에서 제외됩니다.
   가) 수험자 본인이 시험 도중 시험에 대한 포기 의사를 표현하는 경우
   나) 위생복, 위생모, 앞치마, 마스크를 착용하지 않은 경우
   다) 시험시간 내에 과제 두 가지를 제출하지 못한 경우
   라) 문제의 요구사항대로 과제의 수량이 만들어지지 않은 경우
   마) 완성품을 요구사항의 과제(요리)가 아닌 다른 요리(예, 달걀말이→달걀찜)로 만든 경우
   바) 불을 사용하여 만든 조리작품이 작품특성에 벗어나는 정도로 타거나 익지 않은 경우
   사) 해당과제의 지급재료 이외 재료를 사용하거나, 요구사항의 조리기구(석쇠 등)로 완성품을 조리하지 않은 경우
   아) 지정된 수험자지참준비물 이외의 조리기술에 영향을 줄 수 있는 기구를 사용한 경우
   자) 가스레인지 화구 2개 이상(2개 포함) 사용한 경우
   차) 시험 중 시설·장비(칼, 가스레인지 등) 사용 시 시험위원 및 타수험자의 시험 진행에 위해를 일으킬 것으로 시험위원 전원이 합의하여 판단한 경우
   카) 요구사항에 표시된 실격 및 부정행위에 해당하는 경우
7) 항목별 배점은 위생상태 및 안전관리 5점, 조리기술 30점, 작품의 평가 15점입니다.
8) 시험시작 전 가벼운 몸 풀기(스트레칭) 동작으로 긴장을 풀고 시험을 시작합니다.

만드는 법

1. 두부는 물기를 제거하고 파, 마늘은 다진다.

2. 물기가 제거된 두부는 칼등을 이용하여 곱게 으깨준다.

3. 소고기는 핏물을 제거하고 곱게 다진다.

4. 두부와 소고기를 1:3의 비율로 넣고 소금, 다진 파, 다진 마늘, 참기름, 후추, 깨소금, 설탕으로 양념을 한 뒤 고루 치대어서 4.5cm 지름, 두께 0.6cm 정도 크기로 둥글 납작하게 완자를 6개 빚는다.

5. 완자는 체에 내린 밀가루를 묻힌 뒤 달걀물을 입힌다.

6. 팬에 식용유를 두르고 완자가 타지 않게 지져낸다.

 **포인트 TIP**

1. 완자를 빚을 때 손에 식용유를 살짝 바르면 달라 붙는 것을 방지 할 수 있다.
2. 완자는 익으면서 가운데가 볼록해지므로 빚을 때 가운데를 살짝 눌러 주거나 팬에서 익힐 때 수저로 가운데를 눌러주기도 한다.

지급 재료

- 소고기 (살코기) ············ 70g
- 두부 ························· 30g
- 소금 (정제염) ················ 5g
- 대파 〈흰부분(4cm)〉········ 1토막
- 마늘 〈중(깐 것)〉············· 1쪽
- 참기름 ························ 5ml
- 검은후춧가루 ················ 2g
- 깨소금 ························ 5g
- 흰설탕 ························ 5g
- 밀가루 (중력분) ············· 20g
- 달걀 ··························· 1개
- 식용유 ······················· 30ml

표고전

Chapter 6. 한식 전·적 조리 – 기능사

표고전의 유래
봄과 가을이 제철인 표고버섯은 특히 제주도에서 많이 나 초기라고 부르기도 하였고 풍을 다스리고 기를 왕성하게 한다하여 예로부터 많이 먹어 왔다.

✏️ 요구사항
▶ **주어진 재료를 사용하여 다음과 같이 표고전을 만드시오.**

가. 표고버섯과 속은 각각 양념하여 사용하시오.
나. 표고전은 5개를 제출하시오.

시험시간 20분

📋 수험자 유의사항

1) 만드는 순서에 유의하며, 위생과 숙련된 기능평가를 위하여 조리작업 시 맛을 보지 않습니다.
2) 지정된 수험자지참준비물 이외의 조리기구나 재료를 시험장내에 지참할 수 없습니다.
3) 지급재료는 시험 전 확인하여 이상이 있을 경우 시험위원으로부터 조치를 받고 시험 중에는 재료의 교환 및 추가지급은 하지 않습니다.
4) 요구사항 및 지급재료의 규격은 "정도"의 의미를 포함하며, 재료의 크기에 따라 가감하여 채점됩니다.
5) 위생복, 위생모, 앞치마, 마스크를 착용하여야 하며, 시험장비·조리기구 취급 등 안전에 유의합니다.
6) 다음 사항은 실격에 해당하여 채점 대상에서 제외됩니다.
   가) 수험자 본인이 시험 도중 시험에 대한 포기 의사를 표현하는 경우
   나) 위생복, 위생모, 앞치마, 마스크를 착용하지 않은 경우
   다) 시험시간 내에 과제 두 가지를 제출하지 못한 경우
   라) 문제의 요구사항대로 과제의 수량이 만들어지지 않은 경우
   마) 완성품을 요구사항의 과제(요리)가 아닌 다른 요리(예, 달걀말이→달걀찜)로 만든 경우
   바) 불을 사용하여 만든 조리작품이 작품특성에 벗어나는 정도로 타거나 익지 않은 경우
   사) 해당과제의 지급재료 이외 재료를 사용하거나, 요구사항의 조리기구(석쇠 등)로 완성품을 조리하지 않은 경우
   아) 지정된 수험자지참준비물 이외의 조리기술에 영향을 줄 수 있는 기구를 사용한 경우
   자) 가스레인지 화구 2개 이상(2개 포함) 사용한 경우
   차) 시험 중 시설·장비(칼, 가스레인지 등) 사용 시 시험위원 및 타수험자의 시험 진행에 위해를 일으킬 것으로 시험위원 전원이 합의하여 판단한 경우
   카) 요구사항에 표시된 실격 및 부정행위에 해당하는 경우
7) 항목별 배점은 위생상태 및 안전관리 5점, 조리기술 30점, 작품의 평가 15점입니다.
8) 시험시작 전 가벼운 몸 풀기(스트레칭) 동작으로 긴장을 풀고 시험을 시작합니다.

만드는 법

 ## 지급 재료

1. 불린 표고버섯을 세척하여 물기를 제거하고 기둥을 떼어 낸 뒤 간장, 설탕, 참기름을 혼합한 유장으로 양념한다.

2. 소고기는 핏물제거 후 곱게 다지고, 두부는 물기제거 후 곱게 으깬다.

3. 다진 소고기와 으깬 두부에 소금, 설탕, 다진 파, 다진 마늘, 후추, 깨소금, 참기름을 넣고 양념하여 소를 완성한다.

4. 유장 처리한 표고 안쪽에 밀가루를 묻히고 소를 평평하게 채운 뒤 밀가루, 달걀물을 입힌다.

5. 팬에 식용유를 두르고, 소를 채운 부분을 먼저 익히고 뒤집어 표고버섯 부분도 약불에 익혀 준다.

- 건표고버섯 〈부서지지 않은 것을 불려서 지급(지름 2.5~4cm)〉 ·············· 5개
- 소고기 (살코기) ················ 30g
- 두부 ························· 15g
- 소금 (정제염) ··················· 5g
- 흰설탕 ······················· 5g
- 대파 〈흰부분(4cm)〉············· 1토막
- 마늘 〈중(깐 것)〉················· 1쪽
- 검은후춧가루 ··················· 1g
- 깨소금 ························ 5g
- 참기름 ······················· 5ml
- 진간장 ······················· 5ml
- 식용유 ······················· 20ml
- 밀가루 (중력분) ················· 20g
- 달걀 ························· 1개

 **포인트 TIP**

1. 다진 소고기와 으깬 두부는 양념을 고루 섞어 끈기가 날 때까지 치대야 익혔을 때 단면이 갈라지지 않는다.
2. 소에 밀가루를 묻힌 후 여분의 밀가루는 반드시 털어 낸다.
3. 표고의 등 쪽에는 밀가루와 달걀물이 묻지 않도록 한다.

섭산적

Chapter 6. 한식 전·적 조리 - 기능사

섭산적의 유래
우둔살을 곱게 다지고 두부를 다져 양념 후 반대기를 만들어 구운 섭산적은 약산적으로 불리기도 하였고, 간장에 조린 것은 장산적이라 한다.

✏️ 요구사항

▶ **주어진 재료를 사용하여 다음과 같이 섭산적을 만드시오.**

- 가. 고기와 두부의 비율을 3:1로 하시오.
- 나. 다져서 양념한 소고기는 크게 반대기를 지어 석쇠에 구우시오.
- 다. 완성된 섭산적은 0.7cm x 2cm x 2cm로 9개 이상 제출하시오.
- 라. 잣가루를 고명으로 얹으시오.

시험시간 30분

📋 수험자 유의사항

1) 만드는 순서에 유의하며, 위생과 숙련된 기능평가를 위하여 조리작업 시 맛을 보지 않습니다.
2) 지정된 수험자지참준비물 이외의 조리기구나 재료를 시험장내에 지참할 수 없습니다.
3) 지급재료는 시험 전 확인하여 이상이 있을 경우 시험위원으로부터 조치를 받고 시험 중에는 재료의 교환 및 추가지급은 하지 않습니다.
4) 요구사항 및 지급재료의 규격은 "정도"의 의미를 포함하며, 재료의 크기에 따라 가감하여 채점됩니다.
5) 위생복, 위생모, 앞치마, 마스크를 착용하여야 하며, 시험장비·조리기구 취급 등 안전에 유의합니다.
6) 다음 사항은 실격에 해당하여 채점 대상에서 제외됩니다.
    - 가) 수험자 본인이 시험 도중 시험에 대한 포기 의사를 표현하는 경우
    - 나) 위생복, 위생모, 앞치마, 마스크를 착용하지 않은 경우
    - 다) 시험시간 내에 과제 두 가지를 제출하지 못한 경우
    - 라) 문제의 요구사항대로 과제의 수량이 만들어지지 않은 경우
    - 마) 완성품을 요구사항의 과제(요리)가 아닌 다른 요리(예, 달걀말이→달걀찜)로 만든 경우
    - 바) 불을 사용하여 만든 조리작품이 작품특성에 벗어나는 정도로 타거나 익지 않은 경우
    - 사) 해당과제의 지급재료 이외 재료를 사용하거나, 요구사항의 조리기구(석쇠 등)로 완성품을 조리하지 않은 경우
    - 아) 지정된 수험자지참준비물 이외의 조리기술에 영향을 줄 수 있는 기구를 사용한 경우
    - 자) 가스레인지 화구 2개 이상(2개 포함) 사용한 경우
    - 차) 시험 중 시설·장비(칼, 가스레인지 등) 사용 시 시험위원 및 타수험자의 시험 진행에 위해를 일으킬 것으로 시험위원 전원이 합의하여 판단한 경우
    - 카) 요구사항에 표시된 실격 및 부정행위에 해당하는 경우
7) 항목별 배점은 위생상태 및 안전관리 5점, 조리기술 30점, 작품의 평가 15점입니다.
8) 시험시작 전 가벼운 몸 풀기(스트레칭) 동작으로 긴장을 풀고 시험을 시작합니다.

만드는 법

 ## 지급 재료

1. 두부는 물기를 제거하고 칼등으로 곱게 으깨어 준다.

2. 소고기는 핏물을 제거한 후 곱게 다지고, 파와 마늘도 다진다. 잣도 곱게 다진다.

3. 으깬 두부와 다진 소고기에 소금, 설탕, 파, 마늘, 참기름, 후추, 깨소금을 넣어 양념한 뒤 끈기 나게 치대어 준다.

4. 도마 위에 식용유를 바르고 양념한 고기를 8cm 가로 세로, 0.6cm 두께로 네모지게 만들어 가로 세로로 잔칼집을 앞, 뒤로 한다.

5. 석쇠에 식용유를 바르고 소고기가 타지 않게 굽는다.

6. 구워진 고기는 가로 2cm, 세로 2cm로 부서지지 않게 썰고 그 위에 잣가루를 뿌린다.

- 소고기 (살코기) ·················· 80g
- 두부 ····························· 30g
- 대파 〈흰부분(4cm)〉··············· 1토막
- 마늘 〈중(깐 것)〉 ·················· 1쪽
- 소금 (정제염) ····················· 5g
- 흰설탕 ··························· 10g
- 깨소금 ···························· 5g
- 참기름 ···························· 5ml
- 검은후춧가루 ······················ 2g
- 잣 (깐 것)······················· 10개
- 식용유 ··························· 30ml

 포인트 TIP

1. 소고기와 두부의 비율을 3 : 1로 맞춘다.
2. 주재료와 부재료를 곱게 다져 반죽한다.
3. 익힌 뒤 줄어드는 것을 감안하여 모양을 잡는다.

화양적

Chapter 6. 한식 전·적 조리 – 기능사

화양적의 유래
화양적은 누름적의 한 종류이며 적은 육류, 채소류, 버섯류 등을 각각 익힌 뒤 꼬치에 꽂아 요리한 음식을 말한다.

요구사항

▶ 주어진 재료를 사용하여 다음과 같이 화양적을 만드시오.

가. 화양적은 0.6cm × 6cm × 6cm로 만드시오.
나. 달걀노른자로 지단을 만들어 사용하시오. (단, 달걀흰자 지단을 사용하는 경우 실격 처리)
다. 화양적은 2꼬치를 만들고 잣가루를 고명으로 얹으시오.

시험시간 35분

수험자 유의사항

1) 만드는 순서에 유의하며, 위생과 숙련된 기능평가를 위하여 조리작업 시 맛을 보지 않습니다.
2) 지정된 수험자지참준비물 이외의 조리기구나 재료를 시험장내에 지참할 수 없습니다.
3) 지급재료는 시험 전 확인하여 이상이 있을 경우 시험위원으로부터 조치를 받고 시험 중에는 재료의 교환 및 추가지급은 하지 않습니다.
4) 요구사항 및 지급재료의 규격은 "정도"의 의미를 포함하며, 재료의 크기에 따라 가감하여 채점됩니다.
5) 위생복, 위생모, 앞치마, 마스크를 착용하여야 하며, 시험장비·조리기구 취급 등 안전에 유의합니다.
6) 다음 사항은 실격에 해당하여 채점 대상에서 제외됩니다.
   가) 수험자 본인이 시험 도중 시험에 대한 포기 의사를 표현하는 경우
   나) 위생복, 위생모, 앞치마, 마스크를 착용하지 않은 경우
   다) 시험시간 내에 과제 두 가지를 제출하지 못한 경우
   라) 문제의 요구사항대로 과제의 수량이 만들어지지 않은 경우
   마) 완성품을 요구사항의 과제(요리)가 아닌 다른 요리(예, 달걀말이→달걀찜)로 만든 경우
   바) 불을 사용하여 만든 조리작품이 작품특성에 벗어나는 정도로 타거나 익지 않은 경우
   사) 해당과제의 지급재료 이외 재료를 사용하거나, 요구사항의 조리기구(석쇠 등)로 완성품을 조리하지 않은 경우
   아) 지정된 수험자지참준비물 이외의 조리기술에 영향을 줄 수 있는 기구를 사용한 경우
   자) 가스레인지 화구 2개 이상(2개 포함) 사용한 경우
   차) 시험 중 시설·장비(칼, 가스레인지 등) 사용 시 시험위원 및 타수험자의 시험 진행에 위해를 일으킬 것으로 시험위원 전원이 합의하여 판단한 경우
   카) 요구사항에 표시된 실격 및 부정행위에 해당하는 경우
7) 항목별 배점은 위생상태 및 안전관리 5점, 조리기술 30점, 작품의 평가 15점입니다.
8) 시험시작 전 가벼운 몸 풀기(스트레칭) 동작으로 긴장을 풀고 시험을 시작합니다.

만드는 법

 ## 지급 재료

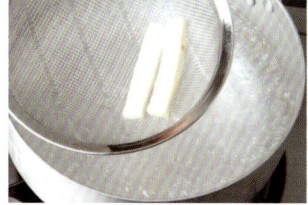

1. 도라지와 당근은 0.6cm 두께, 6cm 길이, 1cm 폭으로 2개씩 썰어 끓는 소금물에 데쳐 찬물에 식힌 후 물기를 제거하여 소금, 참기름으로 밑간한다.

2. 오이는 0.6cm 두께, 6cm 길이, 1cm 폭 2개를 썰어 소금에 절인다.

3. 소고기는 0.4cm 두께, 8cm 길이, 1.2cm 폭으로 2장을 썰어 잔칼집을 내고, 표고버섯은 기둥을 제거 0.6cm 두께, 6cm 길이, 1cm 폭으로 썰어 간장, 설탕, 다진 파, 다진 마늘, 후추, 깨소금, 참기름으로 양념을 한다.

4. 팬에 식용유를 두르고 황지단을 도톰하게 부쳐 6cm 길이, 1cm 폭으로 2장을 썰어 준비한다.

- 소고기 〈살코기(길이 7cm)〉 …… 50g
- 건표고버섯 〈지름 5cm, 물에 불린 것, 부서지지 않은 것〉 …………… 1개
- 당근 〈곧은 것, 길이 7cm〉 …… 50g
- 오이 〈가늘고 곧은 것, 길이 20cm〉 … 1/2개
- 통도라지 〈껍질 있는 것, 길이 20cm〉 … 1개
- 진간장 …………………………… 5ml
- 대파 〈흰부분(4cm)〉 ………… 1토막
- 마늘 〈중(깐 것)〉 ……………… 1쪽
- 소금 (정제염) ………………… 5g
- 흰설탕 ………………………… 5g
- 깨소금 ………………………… 5g
- 참기름 ………………………… 5ml
- 검은후춧가루 ………………… 2g
- 산적꼬치 (길이 8~9cm) ……… 2개
- 잣 (깐 것) ……………………… 10개
- 달걀 …………………………… 2개
- 식용유 ………………………… 30ml

5. 팬에 식용유를 두른 뒤, 도라지, 오이, 당근, 소고기, 표고버섯 순으로 볶아 낸다. (고기를 익혀서 자른 후 꼬치에 끼우기도 한다)

6. 볶아 놓은 채소, 소고기, 표고버섯은 접시에 펼쳐 식혀준다.

7. 꼬치에 준비된 재료의 색을 맞추어 끼워주고 잣가루를 얹어 완성한다.

포인트 TIP

1. 꼬치에 끼워진 재료의 순서가 동일해야 된다.
2. 익힌 소고기의 길이가 줄어드는 것을 감안하여 손질한다.
3. 익힌 황지단이 갈라지지 않도록 부쳐 낸다.

지짐누름적

Chapter 6. 한식 전·적 조리 — 기능사

지짐누름적의 유래
누름적은 고기와 채소류를 번갈아 꽂아 밀가루와 달걀을 입혀서 지진 음식을 일컫는다.

✎ 요구사항

▶ 주어진 재료를 사용하여 다음과 같이 지짐누름적을 만드시오.

가. 각 재료는 0.6cm x 1cm x 6cm로 하시오.
나. 누름적의 수량은 2개를 제출하고, 꼬치는 빼서 제출하시오.

시험시간 35분

📋 수험자 유의사항

1) 만드는 순서에 유의하며, 위생과 숙련된 기능평가를 위하여 조리작업 시 맛을 보지 않습니다.
2) 지정된 수험자지참준비물 이외의 조리기구나 재료를 시험장내에 지참할 수 없습니다.
3) 지급재료는 시험 전 확인하여 이상이 있을 경우 시험위원으로부터 조치를 받고 시험 중에는 재료의 교환 및 추가지급은 하지 않습니다.
4) 요구사항 및 지급재료의 규격은 "정도"의 의미를 포함하며, 재료의 크기에 따라 가감하여 채점됩니다.
5) 위생복, 위생모, 앞치마, 마스크를 착용하여야 하며, 시험장비·조리기구 취급 등 안전에 유의합니다.
6) 다음 사항은 실격에 해당하여 채점 대상에서 제외됩니다.
   가) 수험자 본인이 시험 도중 시험에 대한 포기 의사를 표현하는 경우
   나) 위생복, 위생모, 앞치마, 마스크를 착용하지 않은 경우
   다) 시험시간 내에 과제 두 가지를 제출하지 못한 경우
   라) 문제의 요구사항대로 과제의 수량이 만들어지지 않은 경우
   마) 완성품을 요구사항의 과제(요리)가 아닌 다른 요리(예, 달걀말이→달걀찜)로 만든 경우
   바) 불을 사용하여 만든 조리작품이 작품특성에 벗어나는 정도로 타거나 익지 않은 경우
   사) 해당과제의 지급재료 이외 재료를 사용하거나, 요구사항의 조리기구(석쇠 등)로 완성품을 조리하지 않은 경우
   아) 지정된 수험자지참준비물 이외의 조리기술에 영향을 줄 수 있는 기구를 사용한 경우
   자) 가스레인지 화구 2개 이상(2개 포함) 사용한 경우
   차) 시험 중 시설·장비(칼, 가스레인지 등) 사용 시 시험위원 및 타수험자의 시험 진행에 위해를 일으킬 것으로 시험위원 전원이 합의하여 판단한 경우
   카) 요구사항에 표시된 실격 및 부정행위에 해당하는 경우
7) 항목별 배점은 위생상태 및 안전관리 5점, 조리기술 30점, 작품의 평가 15점입니다.
8) 시험시작 전 가벼운 몸 풀기(스트레칭) 동작으로 긴장을 풀고 시험을 시작합니다.

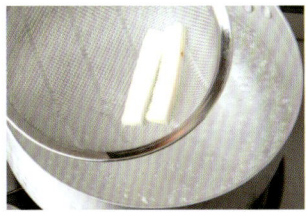 ## 만드는 법　　　　　　　　　　　　　　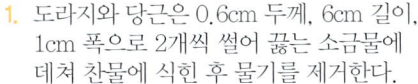 ## 지급 재료

1. 도라지와 당근은 0.6cm 두께, 6cm 길이, 1cm 폭으로 2개씩 썰어 끓는 소금물에 데쳐 찬물에 식힌 후 물기를 제거한다.

2. 쪽파는 녹색잎 부분을 6cm 길이로 썰어 소금, 참기름으로 밑간한다.

3. 소고기는 0.5cm 두께, 8cm 길이, 1.2cm 폭으로 2장을 썰어 잔칼집을 내고, 표고버섯은 기둥을 제거 0.6cm 두께, 6cm 길이, 1cm 폭으로 썰어 간장, 설탕, 다진 파, 다진 마늘, 후추, 깨소금, 참기름으로 양념을 한다.

4. 팬에 식용유를 두르고 도라지, 당근, 소고기, 표고버섯 순으로 볶아낸다.

5. 밀가루와 달걀물은 체에 내려 준비한다.

6. 볶아낸 재료는 색을 맞춰 꼬치에 꽂은 뒤 밀가루, 달걀옷을 입혀 팬에 익혀낸다.

7. 꼬치를 빼내어 접시에 담아낸다.

- 소고기 〈살코기(길이 7cm)〉 …… 50g
- 건표고버섯 (지름 5cm, 물에 불린 것) … 1개
- 당근 (길이 7cm, 곧은 것) ……… 50g
- 쪽파 (중) ……………………… 2뿌리
- 통도라지 (껍질 있는 것, 길이 20cm) … 1개
- 참기름 ……………………………… 5ml
- 소금 (정제염) ……………………… 5g
- 진간장 ……………………………… 10ml
- 흰설탕 ……………………………… 5g
- 대파 〈흰부분(4cm)〉 ……………… 1토막
- 마늘 〈중(깐 것)〉 ………………… 1쪽
- 검은후춧가루 ……………………… 2g
- 깨소금 ……………………………… 5g
- 산적꼬치 (길이 8~9cm) ………… 2개
- 밀가루 (중력분) …………………… 20g
- 달걀 ………………………………… 1개
- 식용유 ……………………………… 30ml

 포인트 TIP

1. 꽂는 요령을 보면 표고와 소고기처럼 같은 색이 나란히 되지 않게 하고 당근처럼 잘 부러지는 것은 꼬치를 돌려가면서 꽂아야 덜 부러진다.

풋고추전

Chapter 6. 한식 전·적 조리 - 기능사

풋고추전의 유래
임진왜란 무렵 들어 온 고추는 비타민이 풍부하여 전, 찜, 부각, 저장 음식 등으로 만들어 먹었다.

🖉 요구사항

▶ **주어진 재료를 사용하여 다음과 같이 풋고추전을 만드시오.**

가. 풋고추는 5cm 길이로, 소를 넣어 지져 내시오.
나. 풋고추는 잘라 데쳐서 사용하며, 완성된 풋고추전은 8개를 제출하시오.

시험시간 25분

📋 수험자 유의사항

1) 만드는 순서에 유의하며, 위생과 숙련된 기능평가를 위하여 조리작업 시 맛을 보지 않습니다.
2) 지정된 수험자지참준비물 이외의 조리기구나 재료를 시험장내에 지참할 수 없습니다.
3) 지급재료는 시험 전 확인하여 이상이 있을 경우 시험위원으로부터 조치를 받고 시험 중에는 재료의 교환 및 추가지급은 하지 않습니다.
4) 요구사항 및 지급재료의 규격은 "정도"의 의미를 포함하며, 재료의 크기에 따라 가감하여 채점됩니다.
5) 위생복, 위생모, 앞치마, 마스크를 착용하여야 하며, 시험장비·조리기구 취급 등 안전에 유의합니다.
6) 다음 사항은 실격에 해당하여 채점 대상에서 제외됩니다.
   가) 수험자 본인이 시험 도중 시험에 대한 포기 의사를 표현하는 경우
   나) 위생복, 위생모, 앞치마, 마스크를 착용하지 않은 경우
   다) 시험시간 내에 과제 두 가지를 제출하지 못한 경우
   라) 문제의 요구사항대로 과제의 수량이 만들어지지 않은 경우
   마) 완성품을 요구사항의 과제(요리)가 아닌 다른 요리(예, 달걀말이→달걀찜)로 만든 경우
   바) 불을 사용하여 만든 조리작품이 작품특성에 벗어나는 정도로 타거나 익지 않은 경우
   사) 해당과제의 지급재료 이외 재료를 사용하거나, 요구사항의 조리기구(석쇠 등)로 완성품을 조리하지 않은 경우
   아) 지정된 수험자지참준비물 이외의 조리기술에 영향을 줄 수 있는 기구를 사용한 경우
   자) 가스레인지 화구 2개 이상(2개 포함) 사용한 경우
   차) 시험 중 시설·장비(칼, 가스레인지 등) 사용 시 시험위원 및 타수험자의 시험 진행에 방해를 일으킬 것으로 시험위원 전원이 합의하여 판단한 경우
   카) 요구사항에 표시된 실격 및 부정행위에 해당하는 경우
7) 항목별 배점은 위생상태 및 안전관리 5점, 조리기술 30점, 작품의 평가 15점입니다.
8) 시험시작 전 가벼운 몸 풀기(스트레칭) 동작으로 긴장을 풀고 시험을 시작합니다.

만드는 법

1. 풋고추는 꼭지를 따고 반으로 갈라 씨를 털어내고 5cm 길이로 썰어 준다.

2. 냄비에 물이 끓으면 소금을 넣고 손질된 풋고추를 살짝 데쳐낸 뒤 찬물에 식힌다.

3. 다진 소고기와 으깬 두부에 소금, 설탕, 다진 파, 다진 마늘, 후추, 깨소금, 참기름을 넣고 양념하여 소를 완성한다.

4. 풋고추의 물기를 제거한 뒤 밀가루를 묻히고 소를 평평하게 채워준 다음 밀가루, 달걀옷을 입힌다.

5. 팬에 식용유를 두른 뒤 약불에서 노릇하게 익힌다.

지급 재료

- 풋고추 〈길이 11cm 이상〉 ········ 2개
- 소고기 〈살코기〉 ················ 30g
- 두부 ······················· 15g
- 대파 〈흰부분(4cm)〉 ············· 1토막
- 마늘 〈중(깐 것)〉 ················ 1쪽
- 검은후춧가루 ················· 1g
- 깨소금 ······················ 5g
- 참기름 ······················ 5ml
- 소금 〈정제염〉 ················· 5g
- 흰설탕 ······················ 5g
- 밀가루 〈중력분〉 ················ 15g
- 달걀 ························ 1개
- 식용유 ······················ 20ml

포인트 TIP

1. 너무 불이 세거나 오래 가열하게 되면 색이 누렇게 변하고 껍질이 하얗게 변한다.

무생채

Chapter 7. 한식 생채 · 회 조리 - 기능사

무생채의 유래
반상의 상차림에 기본으로 들어가는 생채는 신선한 채소를 즉석에서 조리하여 채소의 고유 맛과 양념의 맛을 고루 느끼게 하는 음식이다.

✏ 요구사항

▶ **주어진 재료를 사용하여 다음과 같이 무생채를 만드시오.**

가. 무는 0.2cm × 0.2cm × 6cm로 썰어 사용하시오.
나. 생채는 고춧가루를 사용하시오.
다. 무생채는 70g 이상 제출하시오.

시험시간 15분

📋 수험자 유의사항

1) 만드는 순서에 유의하며, 위생과 숙련된 기능평가를 위하여 조리작업 시 맛을 보지 않습니다.
2) 지정된 수험자지참준비물 이외의 조리기구나 재료를 시험장내에 지참할 수 없습니다.
3) 지급재료는 시험 전 확인하여 이상이 있을 경우 시험위원으로부터 조치를 받고 시험 중에는 재료의 교환 및 추가지급은 하지 않습니다.
4) 요구사항 및 지급재료의 규격은 "정도"의 의미를 포함하며, 재료의 크기에 따라 가감하여 채점됩니다.
5) 위생복, 위생모, 앞치마, 마스크를 착용하여야 하며, 시험장비 · 조리기구 취급 등 안전에 유의합니다.
6) 다음 사항은 실격에 해당하여 채점 대상에서 제외됩니다.
   가) 수험자 본인이 시험 도중 시험에 대한 포기 의사를 표현하는 경우
   나) 위생복, 위생모, 앞치마, 마스크를 착용하지 않은 경우
   다) 시험시간 내에 과제 두 가지를 제출하지 못한 경우
   라) 문제의 요구사항대로 과제의 수량이 만들어지지 않은 경우
   마) 완성품을 요구사항의 과제(요리)가 아닌 다른 요리(예, 달걀말이→달걀찜)로 만든 경우
   바) 불을 사용하여 만든 조리작품이 작품특성에 벗어나는 정도로 타거나 익지 않은 경우
   사) 해당과제의 지급재료 이외 재료를 사용하거나, 요구사항의 조리기구(석쇠 등)로 완성품을 조리하지 않은 경우
   아) 지정된 수험자지참준비물 이외의 조리기술에 영향을 줄 수 있는 기구를 사용한 경우
   자) 가스레인지 화구 2개 이상(2개 포함) 사용한 경우
   차) 시험 중 시설 · 장비(칼, 가스레인지 등) 사용 시 시험위원 및 타수험자의 시험 진행에 위해를 일으킬 것으로 시험위원 전원이 합의하여 판단한 경우
   카) 요구사항에 표시된 실격 및 부정행위에 해당하는 경우
7) 항목별 배점은 위생상태 및 안전관리 5점, 조리기술 30점, 작품의 평가 15점입니다.
8) 시험시작 전 가벼운 몸 풀기(스트레칭) 동작으로 긴장을 풀고 시험을 시작합니다.

만드는 법

1. 무는 껍질을 벗겨낸 후 0.2cm 두께, 6cm 길이로 채썰기를 한다.

2. 생강, 파, 마늘을 다진다.

3. 무채에 고춧가루를 체에 내려 넣어 붉은 색을 들인다.

4. 3에 설탕 1작은술, 소금 1/3작은술, 다진 파, 마늘, 생강, 깨소금을 넣어 골고루 무친 뒤, 식초 1작은술을 넣어 완성한다.

지급 재료

- 무 〈길이 7cm〉 ···················· 120g
- 생강 ···································· 5g
- 대파 〈흰부분(4cm)〉 ············ 1토막
- 마늘 〈중(깐 것)〉 ················· 1쪽
- 고춧가루 ···························· 10g
- 흰설탕 ································ 10g
- 소금 (정제염) ····················· 5g
- 깨소금 ································ 5g
- 식초 ···································· 5ml

 포인트 **TIP**

1. 고춧가루로 물 들일 때는 체에 한 번 내려서 거친 것은 걸러 내야 깔끔하다.
2. 생채류는 미리 버무리지 말고 양념장을 따로 만들어 두었다가 제출직전에 버무려야 물이 생기지 않는다.

도라지생채

Chapter 7. 한식 생채·회 조리 - 기능사

도라지생채의 유래
도라지는 다른 말로 길경이라고도 하는데 볶아서 나물로 만들고 또는 시럽에 졸여서 정과로도 많이 이용된다.

🖊 요구사항

▶ **주어진 재료를 사용하여 다음과 같이 도라지생채를 만드시오.**

가. 도라지는 0.3cm × 0.3cm × 6cm로 써시오.
나. 생채는 고추장과 고춧가루 양념으로 무쳐 제출하시오.

시험시간 15분

📋 수험자 유의사항

1) 만드는 순서에 유의하며, 위생과 숙련된 기능평가를 위하여 조리작업 시 맛을 보지 않습니다.
2) 지정된 수험자지참준비물 이외의 조리기구나 재료를 시험장내에 지참할 수 없습니다.
3) 지급재료는 시험 전 확인하여 이상이 있을 경우 시험위원으로부터 조치를 받고 시험 중에는 재료의 교환 및 추가지급은 하지 않습니다.
4) 요구사항 및 지급재료의 규격은 "정도"의 의미를 포함하며, 재료의 크기에 따라 가감하여 채점됩니다.
5) 위생복, 위생모, 앞치마, 마스크를 착용하여야 하며, 시험장비·조리기구 취급 등 안전에 유의합니다.
6) 다음 사항은 실격에 해당하여 채점 대상에서 제외됩니다.
   가) 수험자 본인이 시험 도중 시험에 대한 포기 의사를 표현하는 경우
   나) 위생복, 위생모, 앞치마, 마스크를 착용하지 않은 경우
   다) 시험시간 내에 과제 두 가지를 제출하지 못한 경우
   라) 문제의 요구사항대로 과제의 수량이 만들어지지 않은 경우
   마) 완성품을 요구사항의 과제(요리)가 아닌 다른 요리(예, 달걀말이→달걀찜)로 만든 경우
   바) 불을 사용하여 만든 조리작품이 작품특성에 벗어나는 정도로 타거나 익지 않은 경우
   사) 해당과제의 지급재료 이외 재료를 사용하거나, 요구사항의 조리기구(석쇠 등)로 완성품을 조리하지 않은 경우
   아) 지정된 수험자지참준비물 이외의 조리기술에 영향을 줄 수 있는 기구를 사용한 경우
   자) 가스레인지 화구 2개 이상(2개 포함) 사용한 경우
   차) 시험 중 시설·장비(칼, 가스레인지 등) 사용 시 시험위원 및 타수험자의 시험 진행에 위해를 일으킬 것으로 시험위원 전원이 합의하여 판단한 경우
   카) 요구사항에 표시된 실격 및 부정행위에 해당하는 경우
7) 항목별 배점은 위생상태 및 안전관리 5점, 조리기술 30점, 작품의 평가 15점입니다.
8) 시험시작 전 가벼운 몸 풀기(스트레칭) 동작으로 긴장을 풀고 시험을 시작합니다.

🍲 만드는 법

1. 도라지는 껍질을 돌려가며 벗기고, 0.3cm 두께, 6cm 길이로 채썰기를 한다.

2. 채썬 도라지는 소금물에 담가 아린맛과 쓴맛을 제거한다.

3. 절여진 도라지는 물기를 제거하고 고추장 1큰술, 고춧가루 1작은술, 설탕 1작은술, 식초 1작은술, 다진 파, 마늘, 깨소금을 넣어 양념장을 만든다.

4. 도라지에 양념장을 넣어 고루 무쳐 완성한다.

⚖️ 지급 재료

- 통도라지 (껍질 있는 것) ………… 3개
- 소금 (정제염) …………………… 5g
- 고추장 …………………………… 20g
- 흰설탕 …………………………… 10g
- 식초 ……………………………… 15ml
- 대파 〈흰부분(4cm)〉 …………… 1토막
- 마늘 〈중(깐 것)〉 ………………… 1쪽
- 깨소금 …………………………… 5g
- 고춧가루 ………………………… 10g

포인트 TIP

1. 도라지는 절여진 상태이므로 양념장에 소금을 첨가하지 않는다.
2. 생채는 수분이 생기지 않아야 되므로 내기 직전에 버무린다.
3. 완성된 도라지생채의 색을 염두에 두고 양념장을 첨가한다.

더덕생채

Chapter 7. 한식 생채·회 조리 - 기능사

더덕생채의 유래
더덕은 특유의 향기가 입맛을 돋우는데 쓸쓸한 맛은 인삼의 주요성분인 사포닌 때문이다.

📝 요구사항
▶ **주어진 재료를 사용하여 다음과 같이 더덕생채를 만드시오.**

가. 더덕은 5cm로 썰어 두들겨 편 후 찢어서 쓴맛을 제거하여 사용하시오.
나. 고춧가루로 양념하고, 전량 제출하시오.

 **시험시간 20분**

📋 수험자 유의사항
1) 만드는 순서에 유의하며, 위생과 숙련된 기능평가를 위하여 조리작업 시 맛을 보지 않습니다.
2) 지정된 수험자지참준비물 이외의 조리기구나 재료를 시험장내에 지참할 수 없습니다.
3) 지급재료는 시험 전 확인하여 이상이 있을 경우 시험위원으로부터 조치를 받고 시험 중에는 재료의 교환 및 추가지급은 하지 않습니다.
4) 요구사항 및 지급재료의 규격은 "정도"의 의미를 포함하며, 재료의 크기에 따라 가감하여 채점됩니다.
5) 위생복, 위생모, 앞치마, 마스크를 착용하여야 하며, 시험장비·조리기구 취급 등 안전에 유의합니다.
6) 다음 사항은 실격에 해당하여 채점 대상에서 제외됩니다.
　가) 수험자 본인이 시험 도중 시험에 대한 포기 의사를 표현하는 경우
　나) 위생복, 위생모, 앞치마, 마스크를 착용하지 않은 경우
　다) 시험시간 내에 과제 두 가지를 제출하지 못한 경우
　라) 문제의 요구사항대로 과제의 수량이 만들어지지 않은 경우
　마) 완성품을 요구사항의 과제(요리)가 아닌 다른 요리(예, 달걀말이→달걀찜)로 만든 경우
　바) 불을 사용하여 만든 조리작품이 작품특성에 벗어나는 정도로 타거나 익지 않은 경우
　사) 해당과제의 지급재료 이외 재료를 사용하거나, 요구사항의 조리기구(석쇠 등)로 완성품을 조리하지 않은 경우
　아) 지정된 수험자지참준비물 이외의 조리기술에 영향을 줄 수 있는 기구를 사용한 경우
　자) 가스레인지 화구 2개 이상(2개 포함) 사용한 경우
　차) 시험 중 시설·장비(칼, 가스레인지 등) 사용 시 시험위원 및 타수험자의 시험 진행에 위해를 일으킬 것으로 시험위원 전원이 합의하여 판단한 경우
　카) 요구사항에 표시된 실격 및 부정행위에 해당하는 경우
7) 항목별 배점은 위생상태 및 안전관리 5점, 조리기술 30점, 작품의 평가 15점입니다.
8) 시험시작 전 가벼운 몸 풀기(스트레칭) 동작으로 긴장을 풀고 시험을 시작합니다.

만드는 법

1. 더덕은 껍질을 벗겨 5cm 길이로 잘라 편으로 썰어 소금물에 담가 쓴맛을 제거한다.

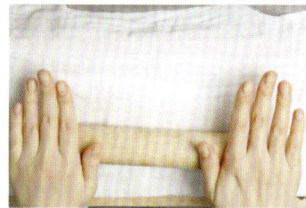
2. 더덕을 면보자기로 감싸준 뒤 방망이로 밀어 편 후 물기 제거한다.

3. 두들긴 더덕은 일정한 폭으로 가늘게 찢어준다.

4. 3의 더덕에 고춧가루 2작은술, 설탕 1작은술, 식초 1작은술, 다진 파, 마늘, 깨소금을 넣어 만든 양념장을 넣어 무친다.

지급 재료

- 통더덕 (껍질있는 것 길이 10~15cm) ··· 2개
- 소금 (정제염) ·················· 5g
- 고춧가루 ····················· 20g
- 흰설탕 ······················· 5g
- 식초 ························ 5ml
- 대파 〈흰부분(4cm)〉············· 1토막
- 마늘 〈중(깐 것)〉················ 1쪽
- 깨소금 ······················· 5g

 포인트 TIP

1. 더덕은 소금물에 충분히 절인다.
   (방망이로 두들길 때 깨지지 않고 아린맛도 제거된다.)
2. 찢은 더덕의 길이와 두께가 일정해야 된다.
3. 완성시 물이 생기지 않도록 제출 직전에 버무린다.

겨자채

Chapter 7. 한식 생채·회 조리 - 기능사

겨자채의 유래
장국상의 가을 상차림에 찬품으로 놓여지며, 주안상에도 찬품으로 올려지는 찬 중에 한 가지이다.

📝 요구사항

▶ **주어진 재료를 사용하여 다음과 같이 겨자채를 만드시오.**

가. 채소, 편육, 황·백지단, 배는 0.3cm × 1cm × 4cm로 써시오.
나. 밤은 모양대로 납작하게 써시오.
다. 겨자는 발효시켜 매운맛이 나도록 하여 간을 맞춘 후 재료를 무쳐서 담고, 통잣을 고명으로 올리시오.

시험시간 35분

📋 수험자 유의사항

1) 만드는 순서에 유의하며, 위생과 숙련된 기능평가를 위하여 조리작업 시 맛을 보지 않습니다.
2) 지정된 수험자지참준비물 이외의 조리기구나 재료를 시험장내에 지참할 수 없습니다.
3) 지급재료는 시험 전 확인하여 이상이 있을 경우 시험위원으로부터 조치를 받고 시험 중에는 재료의 교환 및 추가지급은 하지 않습니다.
4) 요구사항 및 지급재료의 규격은 "정도"의 의미를 포함하며, 재료의 크기에 따라 가감하여 채점됩니다.
5) 위생복, 위생모, 앞치마, 마스크를 착용하여야 하며, 시험장비·조리기구 취급 등 안전에 유의합니다.
6) 다음 사항은 실격에 해당하여 채점 대상에서 제외됩니다.
   가) 수험자 본인이 시험 도중 시험에 대한 포기 의사를 표현하는 경우
   나) 위생복, 위생모, 앞치마, 마스크를 착용하지 않은 경우
   다) 시험시간 내에 과제 두 가지를 제출하지 못한 경우
   라) 문제의 요구사항대로 과제의 수량이 만들어지지 않은 경우
   마) 완성품을 요구사항의 과제(요리)가 아닌 다른 요리(예, 달걀말이→달걀찜)로 만든 경우
   바) 불을 사용하여 만든 조리작품이 작품특성에 벗어나는 정도로 타거나 익지 않은 경우
   사) 해당과제의 지급재료 이외 재료를 사용하거나, 요구사항의 조리기구(석쇠 등)로 완성품을 조리하지 않은 경우
   아) 지정된 수험자지참준비물 이외의 조리기술에 영향을 줄 수 있는 기구를 사용한 경우
   자) 가스레인지 화구 2개 이상(2개 포함) 사용한 경우
   차) 시험 중 시설·장비(칼, 가스레인지 등) 사용 시 시험위원 및 타수험자의 시험 진행에 위해를 일으킬 것으로 시험위원 전원이 합의하여 판단한 경우
   카) 요구사항에 표시된 실격 및 부정행위에 해당하는 경우
7) 항목별 배점은 위생상태 및 안전관리 5점, 조리기술 30점, 작품의 평가 15점입니다.
8) 시험시작 전 가벼운 몸 풀기(스트레칭) 동작으로 긴장을 풀고 시험을 시작합니다.

만드는 법

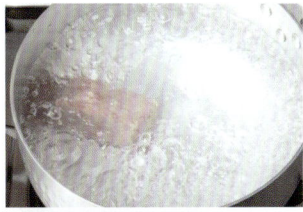

1. 소고기는 핏물제거 후 끓는 물에 넣어 삶아 식으면 0.3cm 두께, 4cm 길이, 1cm 폭으로 썬다.

2. 겨자가루 1큰술에 40℃ 물 1작은술을 넣어 잘 섞은 뒤 발효를 시킨다.

3. 오이는 2등분하여 씨를 제거한 뒤, 4cm 길이, 1cm 폭, 0.3cm 두께로 썰고 당근, 양배추도 0.3cm 두께, 4cm 길이, 1cm 폭으로 썰어 찬물에 담구었다가 건진다.

4. 배는 껍질과 씨를 제거한 뒤 0.3cm 두께, 4cm 길이, 1cm 폭으로 썰어 설탕물에 담그고 밤은 껍질 제거 후 0.3cm 두께로 편썰기를 한다.

5. 발효된 겨자에 설탕 1작은술, 식초 1작은술, 진간장, 소금을 넣어 겨자 소스를 만든다.

6. 팬에 황·백지단을 0.3cm 정도의 두께로 부쳐 4cm 길이, 1cm 폭으로 썰어 둔다.

7. 오이, 당근, 양배추, 배, 밤은 물기를 제거하고 소고기와 지단을 혼합한 후 겨자 소스에 무쳐 완성한다.

8. 완성된 겨자채에 고깔을 제거한 잣을 올린다.

지급 재료

- 소고기 (살코기, 길이 5cm) ········ 50g
- 겨자가루 ································ 6g
- 오이 (가늘고 곧은 것, 길이 20cm) ··· 1/3개
- 당근 (곧은 것, 길이 7cm) ········ 50g
- 양배추 (길이 5cm) ················ 50g
- 배 〈중(길이로 등분), 50g정도 지급〉···1/8개
- 밤 〈중(생 것), 껍질 깐 것〉 ······· 2개
- 흰설탕 ································ 20g
- 식초 ·································· 10ml
- 진간장 ································ 5ml
- 소금 (정제염) ······················ 5g
- 달걀 ·································· 1개
- 식용유 ································ 10ml
- 잣 (깐 것) ··························· 5개

포인트 TIP

1. 채소를 버무리기 전에 물을 완전히 제거해야 겨자즙이 잘 무쳐진다.
2. 생채이므로 제출 직전에 버무려야 물이 생기지 않는다.
3. 양배추가 주재료이므로 최대한 사용한다.

육회

Chapter 7. 한식 생채·회 조리 - 기능사

육회의 유래
겨울철 주안상에 어울리는 술안주 요리. 소고기는 신선한 것을 선택하고 우둔살이나 홍두깨살과 같은 연하고 기름기가 없는 부위를 결 반대방향으로 곱게 채썰어 만든다.

🖊 요구사항

▶ **주어진 재료를 사용하여 다음과 같이 육회를 만드시오.**

가. 소고기는 0.3cm × 0.3cm × 6cm로 썰어 소금 양념으로 하시오.
나. 배는 0.3cm × 0.3cm × 5cm로 변색되지 않게 하여 가장자리에 돌려 담으시오.
다. 마늘은 편으로 썰어 장식하고 잣가루를 고명으로 얹으시오.
라. 소고기는 손질하여 전량 사용하시오.

 **시험시간 20분**

📋 수험자 유의사항

1) 만드는 순서에 유의하며, 위생과 숙련된 기능평가를 위하여 조리작업 시 맛을 보지 않습니다.
2) 지정된 수험자지참준비물 이외의 조리기구나 재료를 시험장내에 지참할 수 없습니다.
3) 지급재료는 시험 전 확인하여 이상이 있을 경우 시험위원으로부터 조치를 받고 시험 중에는 재료의 교환 및 추가지급은 하지 않습니다.
4) 요구사항 및 지급재료의 규격은 "정도"의 의미를 포함하며, 재료의 크기에 따라 가감하여 채점됩니다.
5) 위생복, 위생모, 앞치마, 마스크를 착용하여야 하며, 시험장비·조리기구 취급 등 안전에 유의합니다.
6) 다음 사항은 실격에 해당하여 채점 대상에서 제외됩니다.
    가) 수험자 본인이 시험 도중 시험에 대한 포기 의사를 표현하는 경우
    나) 위생복, 위생모, 앞치마, 마스크를 착용하지 않은 경우
    다) 시험시간 내에 과제 두 가지를 제출하지 못한 경우
    라) 문제의 요구사항대로 과제의 수량이 만들어지지 않은 경우
    마) 완성품을 요구사항의 과제(요리)가 아닌 다른 요리(예, 달걀말이→달걀찜)로 만든 경우
    바) 불을 사용하여 만든 조리작품이 작품특성에 벗어나는 정도로 타거나 익지 않은 경우
    사) 해당과제의 지급재료 이외 재료를 사용하거나, 요구사항의 조리기구(석쇠 등)로 완성품을 조리하지 않은 경우
    아) 지정된 수험자지참준비물 이외의 조리기술에 영향을 줄 수 있는 기구를 사용한 경우
    자) 가스레인지 화구 2개 이상(2개 포함) 사용한 경우
    차) 시험 중 시설·장비(칼, 가스레인지 등) 사용 시 시험위원 및 타수험자의 시험 진행에 위해를 일으킬 것으로 시험위원 전원이 합의하여 판단한 경우
    카) 요구사항에 표시된 실격 및 부정행위에 해당하는 경우
7) 항목별 배점은 위생상태 및 안전관리 5점, 조리기술 30점, 작품의 평가 15점입니다.
8) 시험시작 전 가벼운 몸 풀기(스트레칭) 동작으로 긴장을 풀고 시험을 시작합니다.

만드는 법

1. 소고기는 핏물을 제거한 뒤, 0.3cm 폭, 0.3cm 두께, 6cm 길이로 채썰기를 하고 소금, 설탕, 다진 파, 다진 마늘, 참기름, 깨소금, 후추로 간을 한다.

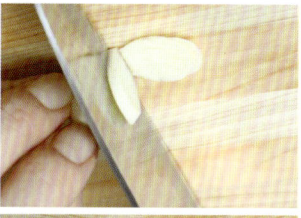

2. 마늘은 편으로 썰고, 소량만 다져 소고기 양념에 넣는다.

3. 배는 껍질을 벗기고 0.3cm × 0.3cm × 5cm 크기로 채썰기를 하여 엷은 설탕물에 담구었다가 물기를 제거한다.
4. 잣은 곱게 다진다.

5. 배의 물기를 닦은 후, 접시에 돌려담고 양념된 소고기를 한가운데 담고 마늘 편을 소고기 옆면에 돌려가며 붙인다.
6. 완성된 육회에 잣가루를 뿌려 완성한다.

지급 재료

- 소고기 (살코기) ·················· 90g
- 배 (중, 100g) ·················· 1/4개
- 마늘 〈중(깐 것)〉 ·················· 3쪽
- 소금 (정제염) ·················· 5g
- 흰설탕 ·················· 30g
- 대파 〈흰부분(4cm)〉 ·················· 2토막
- 참기름 ·················· 10ml
- 깨소금 ·················· 5g
- 검은후춧가루 ·················· 2g
- 잣 (깐 것) ·················· 5개

포인트 TIP

1. 육회는 핏물이 흐르기 쉽고, 배는 갈변되기 쉬우므로 미리 만들어 두지 않도록 한다.
2. 마늘은 편으로 썬 후, 부서지거나 못생긴 것을 다져 소고기 양념에 넣도록 한다.
3. 소고기 양념에 간장을 넣으면 색이 변색되므로 넣지 말아야 하며 파, 마늘을 너무 많이 넣으면 육회가 지저분해 보이므로 곱게 다져서 소량만 넣도록 한다.

미나리강회

Chapter 7. 한식 생채 · 회 조리 – 기능사

미나리강회의 유래
강회란 숙회의 일종으로 미나리나 파 등의 채소를 소금물에 살짝 데친 다음 다른 재료들과 어울려 말아 놓은 것을 말하며, 그 모양이 화려하고 정갈한 맛이 있어 주안상이나 교자상에 주로 올린다.

🖊 요구사항

▶ **주어진 재료를 사용하여 다음과 같이 미나리강회를 만드시오.**

가. 강회의 폭은 1.5cm, 길이는 5cm로 만드시오.
나. 붉은 고추의 폭은 0.5cm, 길이는 4cm로 만드시오.
다. 달걀은 황 · 백지단으로 사용하시오.
라. 강회는 8개 만들어 초고추장과 함께 제출하시오.

 **시험시간 35분**

📋 수험자 유의사항

1) 만드는 순서에 유의하며, 위생과 숙련된 기능평가를 위하여 조리작업 시 맛을 보지 않습니다.
2) 지정된 수험자지참준비물 이외의 조리기구나 재료를 시험장내에 지참할 수 없습니다.
3) 지급재료는 시험 전 확인하여 이상이 있을 경우 시험위원으로부터 조치를 받고 시험 중에는 재료의 교환 및 추가지급은 하지 않습니다.
4) 요구사항 및 지급재료의 규격은 "정도"의 의미를 포함하며, 재료의 크기에 따라 가감하여 채점됩니다.
5) 위생복, 위생모, 앞치마, 마스크를 착용하여야 하며, 시험장비 · 조리기구 취급 등 안전에 유의합니다.
6) 다음 사항은 실격에 해당하여 채점 대상에서 제외됩니다.
   가) 수험자 본인이 시험 도중 시험에 대한 포기 의사를 표현하는 경우
   나) 위생복, 위생모, 앞치마, 마스크를 착용하지 않은 경우
   다) 시험시간 내에 과제 두 가지를 제출하지 못한 경우
   라) 문제의 요구사항대로 과제의 수량이 만들어지지 않은 경우
   마) 완성품을 요구사항의 과제(요리)가 아닌 다른 요리(예, 달걀말이→달걀찜)로 만든 경우
   바) 불을 사용하여 만든 조리작품이 작품특성에 벗어나는 정도로 타거나 익지 않은 경우
   사) 해당과제의 지급재료 이외 재료를 사용하거나, 요구사항의 조리기구(석쇠 등)로 완성품을 조리하지 않은 경우
   아) 지정된 수험자지참준비물 이외의 조리기술에 영향을 줄 수 있는 기구를 사용한 경우
   자) 가스레인지 화구 2개 이상(2개 포함) 사용한 경우
   차) 시험 중 시설 · 장비(칼, 가스레인지 등) 사용 시 시험위원 및 타수험자의 시험 진행에 위해를 일으킬 것으로 시험위원 전원이 합의하여 판단한 경우
   카) 요구사항에 표시된 실격 및 부정행위에 해당하는 경우
7) 항목별 배점은 위생상태 및 안전관리 5점, 조리기술 30점, 작품의 평가 15점입니다.
8) 시험시작 전 가벼운 몸 풀기(스트레칭) 동작으로 긴장을 풀고 시험을 시작합니다.

만드는 법

1. 미나리는 뿌리와 잎을 제거한 뒤 끓는 소금물에 데쳐 찬물에 담근다.

2. 소고기는 편육을 만들어 식힌 뒤 0.3cm 두께, 5cm 길이, 1.5cm 폭으로 썬다.

3. 홍고추는 씨를 제거하고 0.5cm 폭, 4cm 길이로 썬다.

4. 팬에 황·백지단을 두툼하게 부친다.

5. 황·백지단은 5cm 길이, 1.5cm 폭으로 썬다.

6. 편육, 흰자, 노른자지단, 홍고추를 차례로 얹고 미나리로 감고 고추장 1작은술, 식초 1작은술, 설탕 1작은술로 초고추장을 만들어 곁들인다.

지급 재료

- 소고기〈살코기(길이 7cm)〉 …… 80g
- 미나리 (줄기 부분) …………… 30g
- 홍고추(생) ………………… 1개
- 달걀 ………………………… 2개
- 고추장 ……………………… 15g
- 식초 ………………………… 5ml
- 흰설탕 ……………………… 5g
- 소금 (정제염) ……………… 5g
- 식용유 ……………………… 10ml

 포인트 TIP

1. 익힌 모든 재료의 두께와 크기가 일정해야 된다.
    (특히 황지단과 홍고추)
2. 초고추장은 반드시 곁들여 제출한다.

두부조림

Chapter 8. 한식 조림 · 초 조리 - 기능사

두부조림의 유래
두부는 2000여 년 전 한나라의 유안이 처음으로 만들었다. 단백질이 풍부하고 소화흡수가 잘 되는 서민적인 식품이다.

🖋 요구사항

▶ 주어진 재료를 사용하여 다음과 같이 두부조림을 만드시오.

가. 두부는 0.8cm × 3cm × 4.5cm로 잘라 지져서 사용하시오.
나. 8쪽을 제출하고, 촉촉하게 보이도록 국물을 약간 끼얹어 내시오.
다. 실고추와 파채를 고명으로 얹으시오.

시험시간 25분

📋 수험자 유의사항

1) 만드는 순서에 유의하며, 위생과 숙련된 기능평가를 위하여 조리작업 시 맛을 보지 않습니다.
2) 지정된 수험자지참준비물 이외의 조리기구나 재료를 시험장내에 지참할 수 없습니다.
3) 지급재료는 시험 전 확인하여 이상이 있을 경우 시험위원으로부터 조치를 받고 시험 중에는 재료의 교환 및 추가지급은 하지 않습니다.
4) 요구사항 및 지급재료의 규격은 "정도"의 의미를 포함하며, 재료의 크기에 따라 가감하여 채점됩니다.
5) 위생복, 위생모, 앞치마, 마스크를 착용하여야 하며, 시험장비·조리기구 취급 등 안전에 유의합니다.
6) 다음 사항은 실격에 해당하여 채점 대상에서 제외됩니다.
    가) 수험자 본인이 시험 도중 시험에 대한 포기 의사를 표현하는 경우
    나) 위생복, 위생모, 앞치마, 마스크를 착용하지 않은 경우
    다) 시험시간 내에 과제 두 가지를 제출하지 못한 경우
    라) 문제의 요구사항대로 과제의 수량이 만들어지지 않은 경우
    마) 완성품을 요구사항의 과제(요리)가 아닌 다른 요리(예, 달걀말이→달걀찜)로 만든 경우
    바) 불을 사용하여 만든 조리작품이 작품특성에 벗어나는 정도로 타거나 익지 않은 경우
    사) 해당과제의 지급재료 이외 재료를 사용하거나, 요구사항의 조리기구(석쇠 등)로 완성품을 조리하지 않은 경우
    아) 지정된 수험자지참준비물 이외의 조리기술에 영향을 줄 수 있는 기구를 사용한 경우
    자) 가스레인지 화구 2개 이상(2개 포함) 사용한 경우
    차) 시험 중 시설·장비(칼, 가스레인지 등) 사용 시 시험위원 및 타수험자의 시험 진행에 위해를 일으킬 것으로 시험위원 전원이 합의하여 판단한 경우
    카) 요구사항에 표시된 실격 및 부정행위에 해당하는 경우
7) 항목별 배점은 위생상태 및 안전관리 5점, 조리기술 30점, 작품의 평가 15점입니다.
8) 시험시작 전 가벼운 몸 풀기(스트레칭) 동작으로 긴장을 풀고 시험을 시작합니다.

🍲 만드는 법

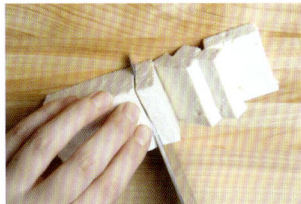

1. 두부는 4.5cm 가로, 3cm 세로, 0.8cm 두께로 8쪽을 썰어준다.

2. 썰어 놓은 두부는 소금을 뿌려 밑간을 한다.

3. 대파는 2cm 길이로 채썰기를 하고 실고추는 2cm로 자른다.

4. 두부는 면보를 이용하여 물기를 제거하고 간장 1큰술, 설탕 1/2큰술, 다진 마늘, 후추, 참기름, 깨소금을 혼합하여 양념장을 만든다.

5. 팬에 식용유를 두르고 두부를 노릇하게 지진다.

6. 냄비에 두부를 넣고 양념장을 넣은 후 물 100ml 넣어 끓이다가 어느 정도 졸여지면 대파와 실고추를 고명으로 얹고 국물 3큰술을 끼얹는다.

🔍 포인트 TIP

1. 주재료인 두부의 크기를 요구사항에 맞게 썰어준다.
2. 두부를 지질 때 노릇노릇하게 전체적으로 색을 낸다.
   (절인두부의 물기제거→센불에서 약불조절)

 지급 재료

- 두부 ·················· 200g
- 소금 (정제염) ········· 5g
- 대파 〈흰부분(4cm)〉···· 1토막
- 실고추 ··················· 1g
- 진간장 ················ 15ml
- 흰설탕 ··················· 5g
- 마늘 〈중(깐 것)〉 ······· 1쪽
- 참기름 ················· 5ml
- 깨소금 ··················· 5g
- 검은후춧가루 ··········· 1g
- 식용유 ················ 30ml

홍합초

Chapter 8. 한식 조림·초 조리 - 기능사

홍합초의 유래
암초에 붙어 사는 홍합은 날것으로는 탕, 젓갈로 말린 것은 불려서 죽을 끓이거나 소고기와 함께 간장에 졸여 홍합초를 만들었다.

✏️ 요구사항

▶ **주어진 재료를 사용하여 다음과 같이 홍합초를 만드시오.**

가. 마늘과 생강은 편으로, 파는 2cm로 써시오.
나. 홍합은 데쳐서 전량 사용하고, 촉촉하게 보이도록 국물을 끼얹어 제출하시오.
다. 잣가루를 고명으로 얹으시오.

시험시간 **20분**

📋 수험자 유의사항

1) 만드는 순서에 유의하며, 위생과 숙련된 기능평가를 위하여 조리작업 시 맛을 보지 않습니다.
2) 지정된 수험자지참준비물 이외의 조리기구나 재료를 시험장내에 지참할 수 없습니다.
3) 지급재료는 시험 전 확인하여 이상이 있을 경우 시험위원으로부터 조치를 받고 시험 중에는 재료의 교환 및 추가지급은 하지 않습니다.
4) 요구사항 및 지급재료의 규격은 "정도"의 의미를 포함하며, 재료의 크기에 따라 가감하여 채점됩니다.
5) 위생복, 위생모, 앞치마, 마스크를 착용하여야 하며, 시험장비·조리기구 취급 등 안전에 유의합니다.
6) 다음 사항은 실격에 해당하여 채점 대상에서 제외됩니다.
    가) 수험자 본인이 시험 도중 시험에 대한 포기 의사를 표현하는 경우
    나) 위생복, 위생모, 앞치마, 마스크를 착용하지 않은 경우
    다) 시험시간 내에 과제 두 가지를 제출하지 못한 경우
    라) 문제의 요구사항대로 과제의 수량이 만들어지지 않은 경우
    마) 완성품을 요구사항의 과제(요리)가 아닌 다른 요리(예, 달걀말이→달걀찜)로 만든 경우
    바) 불을 사용하여 만든 조리작품이 작품특성에 벗어나는 정도로 타거나 익지 않은 경우
    사) 해당과제의 지급재료 이외 재료를 사용하거나, 요구사항의 조리기구(석쇠 등)로 완성품을 조리하지 않은 경우
    아) 지정된 수험자지참준비물 이외의 조리기술에 영향을 줄 수 있는 기구를 사용한 경우
    자) 가스레인지 화구 2개 이상(2개 포함) 사용한 경우
    차) 시험 중 시설·장비(칼, 가스레인지 등) 사용 시 시험위원 및 타수험자의 시험 진행에 위해를 일으킬 것으로 시험위원 전원이 합의하여 판단한 경우
    카) 요구사항에 표시된 실격 및 부정행위에 해당하는 경우
7) 항목별 배점은 위생상태 및 안전관리 5점, 조리기술 30점, 작품의 평가 15점입니다.
8) 시험시작 전 가벼운 몸 풀기(스트레칭) 동작으로 긴장을 풀고 시험을 시작합니다.

만드는 법

1. 생홍합은 깨끗하게 흔들어 씻은 뒤, 끓는 물에 데친다.

2. 홍합의 수염을 제거한다.

3. 마늘과 생강은 편썰기를 하고 대파의 흰 부분은 2cm 길이로 썬다.

4. 냄비에 간장 2큰술, 설탕 1큰술, 후추, 물 4큰술 넣고 생강과 마늘을 넣어 끓인다.

5. 4의 냄비에 대파를 넣고 중불에서 은근히 끓인다.

6. 잣을 다진다.

7. 5의 냄비에 홍합을 넣고 중불에서 서서히 끓이다가 국물이 걸쭉해지면 참기름을 넣어 완성한다.

8. 완성된 홍합초를 그릇에 담고 조린 국물을 끼얹고 잣가루를 뿌린다.

포인트 TIP

1. 조림 양념장에 후추를 많이 넣으면 지저분하게 보이므로 조금만 넣는다.
2. 대파는 졸여 완성 시 원형을 그대로 유지한다.
3. 조림을 할 때는 뚜껑을 열고 국물을 끼얹어 가며 졸여야 윤기가 나고 색깔이 좋게 조릴 수 있다. (센불→중불→센불)

지급 재료

- 생홍합(굵고 싱싱한 것 껍질 벗긴 것 지급) ⋯ 100g
- 대파 〈흰부분(4cm)〉 ⋯ 1토막
- 마늘 〈중(깐 것)〉 ⋯ 2쪽
- 생강 ⋯ 15g
- 진간장 ⋯ 40ml
- 흰설탕 ⋯ 10g
- 검은후춧가루 ⋯ 2g
- 참기름 ⋯ 5ml
- 잣 (깐 것) ⋯ 5개

너비아니구이

Chapter 9. 한식 구이 조리 - 기능사
너비아니구이의 유래
소고기를 두툼하게 저며 양념한 다음 불에 직접 굽는 음식으로 우육구이로도 불렸다.

요구사항

▶ **주어진 재료를 사용하여 다음과 같이 너비아니구이를 만드시오.**

가. 완성된 너비아니는 0.5cm x 4cm x 5cm로 하시오.
나. 석쇠를 사용하여 굽고, 6쪽 제출하시오.
다. 잣가루를 고명으로 얹으시오.

시험시간 **25분**

수험자 유의사항

1) 만드는 순서에 유의하며, 위생과 숙련된 기능평가를 위하여 조리작업 시 맛을 보지 않습니다.
2) 지정된 수험자지참준비물 이외의 조리기구나 재료를 시험장내에 지참할 수 없습니다.
3) 지급재료는 시험 전 확인하여 이상이 있을 경우 시험위원으로부터 조치를 받고 시험 중에는 재료의 교환 및 추가지급은 하지 않습니다.
4) 요구사항 및 지급재료의 규격은 "정도"의 의미를 포함하며, 재료의 크기에 따라 가감하여 채점됩니다.
5) 위생복, 위생모, 앞치마, 마스크를 착용하여야 하며, 시험장비·조리기구 취급 등 안전에 유의합니다.
6) 다음 사항은 실격에 해당하여 채점 대상에서 제외됩니다.
   가) 수험자 본인이 시험 도중 시험에 대한 포기 의사를 표현하는 경우
   나) 위생복, 위생모, 앞치마, 마스크를 착용하지 않은 경우
   다) 시험시간 내에 과제 두 가지를 제출하지 못한 경우
   라) 문제의 요구사항대로 과제의 수량이 만들어지지 않은 경우
   마) 완성품을 요구사항의 과제(요리)가 아닌 다른 요리(예, 달걀말이→달걀찜)로 만든 경우
   바) 불을 사용하여 만든 조리작품이 작품특성에 벗어나는 정도로 타거나 익지 않은 경우
   사) 해당과제의 지급재료 이외 재료를 사용하거나, 요구사항의 조리기구(석쇠 등)로 완성품을 조리하지 않은 경우
   아) 지정된 수험자지참준비물 이외의 조리기술에 영향을 줄 수 있는 기구를 사용한 경우
   자) 가스레인지 화구 2개 이상(2개 포함) 사용한 경우
   차) 시험 중 시설·장비(칼, 가스레인지 등) 사용 시 시험위원 및 타수험자의 시험 진행에 위해를 일으킬 것으로 시험위원 전원이 합의하여 판단한 경우
   카) 요구사항에 표시된 실격 및 부정행위에 해당하는 경우
7) 항목별 배점은 위생상태 및 안전관리 5점, 조리기술 30점, 작품의 평가 15점입니다.
8) 시험시작 전 가벼운 몸 풀기(스트레칭) 동작으로 긴장을 풀고 시험을 시작합니다.

만드는 법

 ## 지급 재료

1. 소고기는 핏물과 기름기를 제거한 뒤 0.4cm 두께 6장으로 편썰기를 한다.

2. 소고기는 칼등으로 두들긴 뒤 가로 6cm, 세로 5cm로 다듬어 준다.

3. 배는 강판에 갈아 즙을 내어 소고기에 재어 준다.
4. 파, 마늘을 다진다.

5. 간장 2큰술, 설탕 1큰술, 배즙 1큰술, 다진 파, 마늘, 참기름, 깨소금, 후추를 넣어 양념장을 만든 뒤, 소고기를 재우고 잣은 다진다.

6. 석쇠가 달궈지면 식용유를 바르고 소고기가 타지 않게 골고루 구워준 뒤 그릇에 담아 잣가루를 각각 얹어 완성한다.

- 소고기 (안심 또는 등심) ········ 100g
- 배 ···································· 1/8개 (50g)
- 대파 〈흰부분(4cm)〉············ 1토막
- 마늘 〈중(깐 것)〉················· 2쪽
- 진간장 ······························ 50ml
- 흰설탕 ······························ 10g
- 참기름 ······························ 10ml
- 깨소금 ······························ 5g
- 검은후춧가루 ······················ 2g
- 식용유 ······························ 10ml
- 잣 (깐 것) ························· 5개

 포인트 **TIP**

1. 소고기를 타지 않게 충분히 익힌다.
2. 6장의 소고기 모양을 일정하게 손질한다.

제육구이

Chapter 9. 한식 구이 조리 – 기능사

제육구이의 유래
제육은 돼지고기를 뜻하는데 돼지고기는 지방부분이 많으므로 굽게되면 육질이 부드럽고 풍미와 맛이 한층 좋아진다.

🖊 요구사항
▶ **주어진 재료를 사용하여 다음과 같이 제육구이를 만드시오.**

가. 완성된 제육은 0.4cm × 4cm × 5cm로 하시오.
나. 고추장 양념하여 석쇠에 구우시오.
다. 제육구이는 전량 제출하시오.

 시험시간 **30분**

🍽 수험자 유의사항

1) 만드는 순서에 유의하며, 위생과 숙련된 기능평가를 위하여 조리작업 시 맛을 보지 않습니다.
2) 지정된 수험자지참준비물 이외의 조리기구나 재료를 시험장내에 지참할 수 없습니다.
3) 지급재료는 시험 전 확인하여 이상이 있을 경우 시험위원으로부터 조치를 받고 시험 중에는 재료의 교환 및 추가지급은 하지 않습니다.
4) 요구사항 및 지급재료의 규격은 "정도"의 의미를 포함하며, 재료의 크기에 따라 가감하여 채점됩니다.
5) 위생복, 위생모, 앞치마, 마스크를 착용하여야 하며, 시험장비·조리기구 취급 등 안전에 유의합니다.
6) 다음 사항은 실격에 해당하여 채점 대상에서 제외됩니다.
   가) 수험자 본인이 시험 도중 시험에 대한 포기 의사를 표현하는 경우
   나) 위생복, 위생모, 앞치마, 마스크를 착용하지 않은 경우
   다) 시험시간 내에 과제 두 가지를 제출하지 못한 경우
   라) 문제의 요구사항대로 과제의 수량이 만들어지지 않은 경우
   마) 완성품을 요구사항의 과제(요리)가 아닌 다른 요리(예, 달걀말이→달걀찜)로 만든 경우
   바) 불을 사용하여 만든 조리작품이 작품특성에 벗어나는 정도로 타거나 익지 않은 경우
   사) 해당과제의 지급재료 이외 재료를 사용하거나, 요구사항의 조리기구(석쇠 등)로 완성품을 조리하지 않은 경우
   아) 지정된 수험자지참준비물 이외의 조리기술에 영향을 줄 수 있는 기구를 사용한 경우
   자) 가스레인지 화구 2개 이상(2개 포함) 사용한 경우
   차) 시험 중 시설·장비(칼, 가스레인지 등) 사용 시 시험위원 및 타수험자의 시험 진행에 위해를 일으킬 것으로 시험위원 전원이 합의하여 판단한 경우
   카) 요구사항에 표시된 실격 및 부정행위에 해당하는 경우
7) 항목별 배점은 위생상태 및 안전관리 5점, 조리기술 30점, 작품의 평가 15점입니다.
8) 시험시작 전 가벼운 몸 풀기(스트레칭) 동작으로 긴장을 풀고 시험을 시작합니다.

만드는 법

1. 돼지고기는 핏물과 기름기를 제거하고 두께 0.4cm로 편썰기 한다.

2. 돼지고기는 칼등으로 두들긴 후 4.5cm 가로, 5.5cm 세로로 다듬는다.

3. 고추장 2큰술, 설탕 1큰술, 간장 1작은술, 다진 파, 마늘, 생강, 참기름, 깨소금, 후추로 고추장 양념장을 만들고 손질된 돼지고기에 골고루 발라 재워 둔다.

4. 석쇠가 달궈지면 식용유를 발라 코팅을 한다.

5. 석쇠에 양념이 된 돼지고기를 얹고 가장자리와 양념부분이 타지 않게 고루 익혀 완성한다.

지급 재료

- 돼지고기 (등심 또는 볼깃살) … 150g
- 고추장 ································ 40g
- 진간장 ································ 10ml
- 마늘 〈중(깐 것)〉 ···················· 2쪽
- 대파 〈흰부분(4cm)〉 ················ 1토막
- 검은후춧가루 ······················· 2g
- 흰설탕 ································ 15g
- 깨소금 ································ 5g
- 참기름 ································ 5ml
- 생강 ··································· 10g
- 식용유 ································ 10ml

포인트 TIP

1. 돼지고기는 일정한 크기와 두께가 되도록 손질한다.
2. 주재료는 반드시 익혀야 되고 양념부분은 타지 않게 한다.

북어구이

Chapter 9. 한식 구이 조리 - 기능사

북어구이의 유래
신선한 명태를 선태라 부르고 말린 것을 북어, 반쯤말린 것을 코다리, 얼린 것은 동태, 새끼는 노가리라 불리우며 잡는 시기와 크기에 따라 여러 명칭으로 불리운다.

요구사항
▶ 주어진 재료를 사용하여 다음과 같이 북어구이를 만드시오.

가. 구워진 북어의 길이는 5cm로 하시오.
나. 유장으로 초벌구이 하고, 고추장 양념으로 석쇠에 구우시오.
다. 완성품은 3개를 제출하시오.
   (단, 세로로 잘라 3/6토막 제출할 경우 수량부족으로 실격 처리)

시험시간 20분

수험자 유의사항
1) 만드는 순서에 유의하며, 위생과 숙련된 기능평가를 위하여 조리작업 시 맛을 보지 않습니다.
2) 지정된 수험자지참준비물 이외의 조리기구나 재료를 시험장내에 지참할 수 없습니다.
3) 지급재료는 시험 전 확인하여 이상이 있을 경우 시험위원으로부터 조치를 받고 시험 중에는 재료의 교환 및 추가지급은 하지 않습니다.
4) 요구사항 및 지급재료의 규격은 "정도"의 의미를 포함하며, 재료의 크기에 따라 가감하여 채점됩니다.
5) 위생복, 위생모, 앞치마, 마스크를 착용하여야 하며, 시험장비·조리기구 취급 등 안전에 유의합니다.
6) 다음 사항은 실격에 해당하여 채점 대상에서 제외됩니다.
   가) 수험자 본인이 시험 도중 시험에 대한 포기 의사를 표현하는 경우
   나) 위생복, 위생모, 앞치마, 마스크를 착용하지 않은 경우
   다) 시험시간 내에 과제 두 가지를 제출하지 못한 경우
   라) 문제의 요구사항대로 과제의 수량이 만들어지지 않은 경우
   마) 완성품을 요구사항의 과제(요리)가 아닌 다른 요리(예, 달걀말이→달걀찜)로 만든 경우
   바) 불을 사용하여 만든 조리작품이 작품특성에 벗어나는 정도로 타거나 익지 않은 경우
   사) 해당과제의 지급재료 이외 재료를 사용하거나, 요구사항의 조리기구(석쇠 등)로 완성품을 조리하지 않은 경우
   아) 지정된 수험자지참준비물 이외의 조리기술에 영향을 줄 수 있는 기구를 사용한 경우
   자) 가스레인지 화구 2개 이상(2개 포함) 사용한 경우
   차) 시험 중 시설·장비(칼, 가스레인지 등) 사용 시 시험위원 및 타수험자의 시험 진행에 위해를 일으킬 것으로 시험위원 전원이 합의하여 판단한 경우
   카) 요구사항에 표시된 실격 및 부정행위에 해당하는 경우
7) 항목별 배점은 위생상태 및 안전관리 5점, 조리기술 30점, 작품의 평가 15점입니다.
8) 시험시작 전 가벼운 몸 풀기(스트레칭) 동작으로 긴장을 풀고 시험을 시작합니다.

만드는 법

1. 북어포는 물에 불린 뒤 머리와 지느러미를 자르고 꼬리에서 머리쪽으로 긁어 비늘을 제거한다.

2. 손질된 북어는 물기를 제거하고 6cm 길이로 3토막을 내어 껍질쪽에 칼집을 넣는다.

3. 북어에 유장(참기름 3 : 간장 1 비율)을 바르고 초벌구이를 한다.

4. 고추장 2큰술, 설탕 1큰술, 다진 파, 마늘, 참기름, 깨소금, 후추를 넣고 양념장을 만들어 북어에 고르게 바른다.

5. 석쇠가 달궈지면 북어를 얹어 끝부분과 양념장이 타지 않게 골고루 익힌다.

지급 재료

- 북어포 〈반을 갈라 말린 껍질있는 것 40g〉 ··· 1마리
- 진간장 ································· 20ml
- 마늘 〈중(간 것)〉 ······················· 2쪽
- 대파 〈흰부분(4cm)〉 ··················· 1토막
- 고추장 ································· 40g
- 흰설탕 ································· 10g
- 깨소금 ·································· 5g
- 참기름 ································· 15ml
- 검은후춧가루 ···························· 2g
- 식용유 ································· 10ml

포인트 TIP

1. 북어포는 물기를 충분히 주어 불렸다가 물기제거 후 손질한다.
2. 고추장 양념이 타지 않게 굽는다.

더덕구이

Chapter 9. 한식 구이 조리 - 기능사

더덕구이의 유래
더덕구이는 더덕을 얇게 두들겨 펴서 고추장 양념장을 발라 구운 채소류 구이. 더덕은 향과 맛이 독특해서 전을 부치거나 생채, 구이를 주로 해먹는다.

✏️ 요구사항

▶ **주어진 재료를 사용하여 다음과 같이 더덕구이를 만드시오.**

가. 더덕은 껍질을 벗겨 사용하시오.
나. 유장으로 초벌구이 하고, 고추장 양념으로 석쇠에 구우시오.
다. 완성품은 전량 제출하시오.

 **시험시간 30분**

📋 수험자 유의사항

1) 만드는 순서에 유의하며, 위생과 숙련된 기능평가를 위하여 조리작업 시 맛을 보지 않습니다.
2) 지정된 수험자지참준비물 이외의 조리기구나 재료를 시험장내에 지참할 수 없습니다.
3) 지급재료는 시험 전 확인하여 이상이 있을 경우 시험위원으로부터 조치를 받고 시험 중에는 재료의 교환 및 추가지급은 하지 않습니다.
4) 요구사항 및 지급재료의 규격은 "정도"의 의미를 포함하며, 재료의 크기에 따라 가감하여 채점됩니다.
5) 위생복, 위생모, 앞치마, 마스크를 착용하여야 하며, 시험장비·조리기구 취급 등 안전에 유의합니다.
6) 다음 사항은 실격에 해당하여 채점 대상에서 제외됩니다.
   가) 수험자 본인이 시험 도중 시험에 대한 포기 의사를 표현하는 경우
   나) 위생복, 위생모, 앞치마, 마스크를 착용하지 않은 경우
   다) 시험시간 내에 과제 두 가지를 제출하지 못한 경우
   라) 문제의 요구사항대로 과제의 수량이 만들어지지 않은 경우
   마) 완성품을 요구사항의 과제(요리)가 아닌 다른 요리(예, 달걀말이→달걀찜)로 만든 경우
   바) 불을 사용하여 만든 조리작품이 작품특성에 벗어나는 정도로 타거나 익지 않은 경우
   사) 해당과제의 지급재료 이외 재료를 사용하거나, 요구사항의 조리기구(석쇠 등)로 완성품을 조리하지 않은 경우
   아) 지정된 수험자지참준비물 이외의 조리기술에 영향을 줄 수 있는 기구를 사용한 경우
   자) 가스레인지 화구 2개 이상(2개 포함) 사용한 경우
   차) 시험 중 시설·장비(칼, 가스레인지 등) 사용 시 시험위원 및 타수험자의 시험 진행에 위해를 일으킬 것으로 시험위원 전원이 합의하여 판단한 경우
   카) 요구사항에 표시된 실격 및 부정행위에 해당하는 경우
7) 항목별 배점은 위생상태 및 안전관리 5점, 조리기술 30점, 작품의 평가 15점입니다.
8) 시험시작 전 가벼운 몸 풀기(스트레칭) 동작으로 긴장을 풀고 시험을 시작합니다.

만드는 법

1. 더덕은 껍질을 벗겨 5cm 길이로 잘라 편으로 썰어 소금물에 담가 쓴맛을 제거한다.

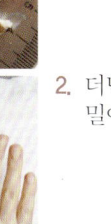
2. 더덕을 면보자기로 감싸준 뒤 방망이로 밀어 편 후 물기를 제거한다.

지급 재료

- 통더덕 (껍질 있는 것 길이 10~15cm) … 3개
- 진간장 …………………………… 10ml
- 대파 〈흰부분(4cm)〉 …………… 1토막
- 마늘 〈중(깐 것)〉 ………………… 1쪽
- 고추장 …………………………… 30g
- 흰설탕 ……………………………… 5g
- 깨소금 ……………………………… 5g
- 참기름 …………………………… 10ml
- 소금 (정제염) …………………… 10g
- 식용유 …………………………… 10ml

3. 더덕을 유장(참기름 3 : 간장 1)에 재운다.

4. 석쇠가 달궈지면 식용유를 바르고 중불에서 더덕의 유장이 흡수되어 마를 정도로 애벌구이 한다.

5. 고추장 2큰술, 설탕 1작은술, 다진 파, 마늘, 참기름, 깨소금을 넣어 양념장을 만들어 간이 충분히 배도록 발라준다.

6. 양념된 더덕은 타지 않게 고루 익히면서 굽는다.

 **포인트 TIP**

1. 완성품은 8쪽을 제시한다.
2. 방망이로 더덕을 두들릴 때 면보자기를 덮고 더덕이 부서지지 않게 두들겨 펴서 소금물에 담군다.
3. 주재료는 충분히 익히고 양념장이 타지 않게 완성한다.

생선양념구이

Chapter 9. 한식 구이 조리 – 기능사

생선양념구이의 유래
흰살부분이 많은 조기나 병어를 구이에 많이 이용하며 특히 조기의 경우 단백질이 풍부하여 아이의 발육이나 노인의 원기 회복에 좋다.

🖉 요구사항

▶ **주어진 재료를 사용하여 다음과 같이 생선양념구이를 만드시오.**

가. 생선은 머리와 꼬리를 포함하여 통째로 사용하고 내장은 아가미쪽으로 제거하시오.
나. 칼집 넣은 생선은 유장으로 초벌구이 하고, 고추장양념으로 석쇠에 구우시오.
다. 생선구이는 머리 왼쪽, 배 앞쪽 방향으로 담아내시오.

시험시간 30분

📋 수험자 유의사항

1) 만드는 순서에 유의하며, 위생과 숙련된 기능평가를 위하여 조리작업 시 맛을 보지 않습니다.
2) 지정된 수험자지참준비물 이외의 조리기구나 재료를 시험장내에 지참할 수 없습니다.
3) 지급재료는 시험 전 확인하여 이상이 있을 경우 시험위원으로부터 조치를 받고 시험 중에는 재료의 교환 및 추가지급은 하지 않습니다.
4) 요구사항 및 지급재료의 규격은 "정도"의 의미를 포함하며, 재료의 크기에 따라 가감하여 채점됩니다.
5) 위생복, 위생모, 앞치마, 마스크를 착용하여야 하며, 시험장비·조리기구 취급 등 안전에 유의합니다.
6) 다음 사항은 실격에 해당하여 채점 대상에서 제외됩니다.
    가) 수험자 본인이 시험 도중 시험에 대한 포기 의사를 표현하는 경우
    나) 위생복, 위생모, 앞치마, 마스크를 착용하지 않은 경우
    다) 시험시간 내에 과제 두 가지를 제출하지 못한 경우
    라) 문제의 요구사항대로 과제의 수량이 만들어지지 않은 경우
    마) 완성품을 요구사항의 과제(요리)가 아닌 다른 요리(예, 달걀말이→달걀찜)로 만든 경우
    바) 불을 사용하여 만든 조리작품이 작품특성에 벗어나는 정도로 타거나 익지 않은 경우
    사) 해당과제의 지급재료 이외 재료를 사용하거나, 요구사항의 조리기구(석쇠 등)로 완성품을 조리하지 않은 경우
    아) 지정된 수험자지참준비물 이외의 조리기술에 영향을 줄 수 있는 기구를 사용한 경우
    자) 가스레인지 화구 2개 이상(2개 포함) 사용한 경우
    차) 시험 중 시설·장비(칼, 가스레인지 등) 사용 시 시험위원 및 타수험자의 시험 진행에 위해를 일으킬 것으로 시험위원 전원이 합의하여 판단한 경우
    카) 요구사항에 표시된 실격 및 부정행위에 해당하는 경우
7) 항목별 배점은 위생상태 및 안전관리 5점, 조리기술 30점, 작품의 평가 15점입니다.
8) 시험시작 전 가벼운 몸 풀기(스트레칭) 동작으로 긴장을 풀고 시험을 시작합니다.

만드는 법

1. 생선은 꼬리에서 머리쪽으로 비늘을 긁어 제거한 뒤, 아가미로 내장을 빼내고 지느러미를 제거한다.

2. 손질된 생선은 일정간격으로 칼집을 넣고 소금으로 밑간을 한다.

3. 파, 마늘을 다져 고추장 2큰술, 설탕 1큰술, 후추, 깨소금, 참기름을 넣어 양념장을 완성한다.

4. 참기름 1큰술, 간장 1작은술의 비율로 유장을 만들고 생선을 재운다.

5. 석쇠가 달궈지면 식용유를 바르고 중불에서 초벌구이를 한다.

6. 생선에 양념장을 충분히 발라 타지 않게 잘 구워 머리가 왼쪽, 배가 아래쪽 방향이 되게 그릇에 담는다.

지급 재료

- 조기 (100g~120g) ················ 1마리
- 진간장 ································ 20ml
- 대파 〈흰부분(4cm)〉 ··············· 1토막
- 마늘 〈중(깐 것)〉 ···················· 1쪽
- 고추장 ································· 40g
- 흰설탕 ·································· 5g
- 깨소금 ·································· 5g
- 참기름 ································· 5ml
- 소금 (정제염) ························ 20g
- 검은후춧가루 ························· 2g
- 식용유 ································· 10ml

포인트 TIP

1. 꼬리부분의 지느러미는 끝에만 살짝 다듬어 준다. (일직선 혹은 V자 모양)
2. 고추장 양념에 들어가는 파, 마늘은 곱게 다져 넣어야 구울 때 양념이 타는 것을 줄일 수 있다.

잡채

Chapter 10. 한식 숙채 조리 - 기능사

잡채의 유래
잡채(雜菜)의 '잡'은 '섞다, 모으다, 많다'의 의미이며, '채'는 '채소'의 의미로 여러 종류의 채소를 섞은 음식이란 뜻으로, 잡다한 채소가 섞여 있으므로 맛과 영양이 풍부하다.

🖋 요구사항
▶ **주어진 재료를 사용하여 다음과 같이 잡채를 만드시오.**

가. 소고기, 양파, 오이, 당근, 도라지, 표고버섯은 0.3cm × 0.3cm × 6cm로 써시오.
나. 숙주는 데치고 목이버섯은 찢어서 사용하시오.
다. 당면은 삶아서 유장처리하여 볶으시오.
라. 황 · 백지단은 0.2cm × 0.2cm × 4cm로 썰어 고명으로 얹으시오.

 **시험시간 35분**

📋 수험자 유의사항

1) 만드는 순서에 유의하며, 위생과 숙련된 기능평가를 위하여 조리작업 시 맛을 보지 않습니다.
2) 지정된 수험자지참준비물 이외의 조리기구나 재료를 시험장내에 지참할 수 없습니다.
3) 지급재료는 시험 전 확인하여 이상이 있을 경우 시험위원으로부터 조치를 받고 시험 중에는 재료의 교환 및 추가지급은 하지 않습니다.
4) 요구사항 및 지급재료의 규격은 "정도"의 의미를 포함하며, 재료의 크기에 따라 가감하여 채점됩니다.
5) 위생복, 위생모, 앞치마, 마스크를 착용하여야 하며, 시험장비 · 조리기구 취급 등 안전에 유의합니다.
6) 다음 사항은 실격에 해당하여 채점 대상에서 제외됩니다.
   가) 수험자 본인이 시험 도중 시험에 대한 포기 의사를 표현하는 경우
   나) 위생복, 위생모, 앞치마, 마스크를 착용하지 않은 경우
   다) 시험시간 내에 과제 두 가지를 제출하지 못한 경우
   라) 문제의 요구사항대로 과제의 수량이 만들어지지 않은 경우
   마) 완성품을 요구사항의 과제(요리)가 아닌 다른 요리(예, 달걀말이→달걀찜)로 만든 경우
   바) 불을 사용하여 만든 조리작품이 작품특성에 벗어나는 정도로 타거나 익지 않은 경우
   사) 해당과제의 지급재료 이외 재료를 사용하거나, 요구사항의 조리기구(석쇠 등)로 완성품을 조리하지 않은 경우
   아) 지정된 수험자지참준비물 이외의 조리기술에 영향을 줄 수 있는 기구를 사용한 경우
   자) 가스레인지 화구 2개 이상(2개 포함) 사용한 경우
   차) 시험 중 시설 · 장비(칼, 가스레인지 등) 사용 시 시험위원 및 타수험자의 시험 진행에 위해를 일으킬 것으로 시험위원 전원이 합의하여 판단한 경우
   카) 요구사항에 표시된 실격 및 부정행위에 해당하는 경우
7) 항목별 배점은 위생상태 및 안전관리 5점, 조리기술 30점, 작품의 평가 15점입니다.
8) 시험시작 전 가벼운 몸 풀기(스트레칭) 동작으로 긴장을 풀고 시험을 시작합니다.

만드는 법

1. 당면은 따뜻한 물에 불리고 목이버섯은 미지근한 물에 불린다.
2. 숙주는 거두절미하여 끓는 물에 데쳐 유장으로 밑간을 한다

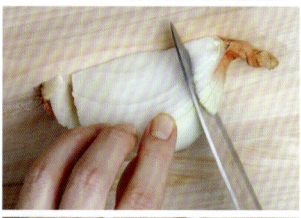

3. 양파와 당근은 0.3cm×0.3cm×6cm 길이로 채썰기를 하고 오이는 돌려깎아 0.3cm×0.3cm×6cm 길이로 채썰기 하여 소금에 절인다.

4. 도라지는 껍질을 제거하고 편썰기를 하여 0.3cm×0.3cm×6cm 길이로 채썰어 소금물에 담근다.
5. 소고기, 표고버섯은 채썰기하고 간장 1큰술, 설탕 1/2큰술, 다진 파, 다진 마늘, 후추, 깨소금, 참기름으로 양념장을 만들어 재운다.
6. 불린 당면은 끓는 물에 삶아 찬물에 헹군 후 유장 처리한다.
7. 팬에 기름을 두르고 황·백지단을 부쳐 0.2cm×4cm 길이로 채썰고 도라지, 양파, 오이, 당근, 소고기, 표고버섯, 목이버섯 순으로 각각 볶는다.

8. 팬에 식용유를 두르고 유장처리한 당면을 볶아낸다.

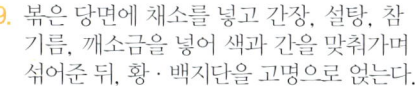

9. 볶은 당면에 채소를 넣고 간장, 설탕, 참기름, 깨소금을 넣어 색과 간을 맞춰가며 섞어준 뒤, 황·백지단을 고명으로 얹는다.

지급 재료

- 당면 ··············· 20g
- 숙주 (생 것) ··············· 20g
- 양파 〈중(150g)〉 ··············· 1/3개
- 당근 (곧은 것, 길이 7cm) ······· 50g
- 오이 (가늘고 곧은 것, 길이 20cm) ··· 1/3개
- 통도라지 (껍질 있는 것, 길이 20cm) ··· 1개
- 소고기 (살코기, 길이 7cm) ······· 30g
- 건표고버섯 (지름 5cm, 물에 불린 것, 부서지지 않은 것) ··············· 1개
- 건목이버섯 (지름 5cm, 물에 불린 것) ··· 2개
- 달걀 ··············· 1개
- 식용유 ··············· 50ml
- 진간장 ··············· 20ml
- 흰설탕 ··············· 10g
- 대파 〈흰부분(4cm)〉 ··············· 1토막
- 마늘 〈중(깐 것)〉 ··············· 2쪽
- 검은후춧가루 ··············· 1g
- 깨소금 ··············· 5g
- 참기름 ··············· 5ml
- 소금 (정제염) ··············· 15g

포인트 TIP

1. 모든 재료는 규격에 맞게 썰어 밑손질을 한다.
2. 당면은 삶아 반드시 찬물에 헹구어 준다.
3. 볶은 당면과 채소, 고기를 혼합하여 섞은 뒤 양념을 하여 색을 맞춰 완성한다.

Chapter 10. 한식 숙채 조리 - 기능사
탕평채의 유래
녹두 녹말로 만든 청포묵을 초간장에 버무린 새콤달콤한 냉채요리이다.

요구사항

▶ 주어진 재료를 사용하여 다음과 같이 탕평채를 만드시오.

가. 청포묵은 0.4cm × 0.4cm × 6cm로 썰어 데쳐서 사용하시오.
나. 모든 부재료의 길이는 4~5cm로 써시오.
다. 소고기, 미나리, 거두절미한 숙주는 각각 조리하여 청포묵과 함께 초간장으로 무쳐 담아내시오.
라. 황·백지단은 4cm 길이로 채썰고, 김은 구워 부셔서 고명으로 얹으시오.

시험시간 35분

수험자 유의사항

1) 만드는 순서에 유의하며, 위생과 숙련된 기능평가를 위하여 조리작업 시 맛을 보지 않습니다.
2) 지정된 수험자지참준비물 이외의 조리기구나 재료를 시험장내에 지참할 수 없습니다.
3) 지급재료는 시험 전 확인하여 이상이 있을 경우 시험위원으로부터 조치를 받고 시험 중에는 재료의 교환 및 추가지급은 하지 않습니다.
4) 요구사항 및 지급재료의 규격은 "정도"의 의미를 포함하며, 재료의 크기에 따라 가감하여 채점됩니다.
5) 위생복, 위생모, 앞치마, 마스크를 착용하여야 하며, 시험장비·조리기구 취급 등 안전에 유의합니다.
6) 다음 사항은 실격에 해당하여 채점 대상에서 제외됩니다.
   가) 수험자 본인이 시험 도중 시험에 대한 포기 의사를 표현하는 경우
   나) 위생복, 위생모, 앞치마, 마스크를 착용하지 않은 경우
   다) 시험시간 내에 과제 두 가지를 제출하지 못한 경우
   라) 문제의 요구사항대로 과제의 수량이 만들어지지 않은 경우
   마) 완성품을 요구사항의 과제(요리)가 아닌 다른 요리(예, 달걀말이→달걀찜)로 만든 경우
   바) 불을 사용하여 만든 조리작품이 작품특성에 벗어나는 정도로 타거나 익지 않은 경우
   사) 해당과제의 지급재료 이외 재료를 사용하거나, 요구사항의 조리기구(석쇠 등)로 완성품을 조리하지 않은 경우
   아) 지정된 수험자지참준비물 이외의 조리기술에 영향을 줄 수 있는 기구를 사용한 경우
   자) 가스레인지 화구 2개 이상(2개 포함) 사용한 경우
   차) 시험 중 시설·장비(칼, 가스레인지 등) 사용 시 시험위원 및 타수험자의 시험 진행에 위해를 일으킬 것으로 시험위원 전원이 합의하여 판단한 경우
   카) 요구사항에 표시된 실격 및 부정행위에 해당하는 경우
7) 항목별 배점은 위생상태 및 안전관리 5점, 조리기술 30점, 작품의 평가 15점입니다.
8) 시험시작 전 가벼운 몸 풀기(스트레칭) 동작으로 긴장을 풀고 시험을 시작합니다.

만드는 법

1. 청포묵은 0.4cm 두께, 0.4cm 폭, 6cm 길이로 채썰어 끓는 물에 데쳐서 물기를 뺀 후 소금, 참기름에 무친다.

2. 거두절미한 숙주를 끓는 소금물에 데쳐 찬물에 헹구어 물기를 꼭짜서 소금, 참기름에 무치고 미나리는 줄기만 데쳐 찬물에 담갔다가 4cm 길이로 썰어 준다.

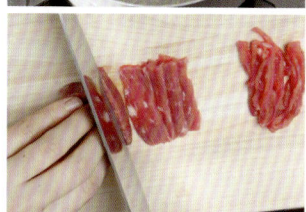

3. 소고기는 핏물을 제거하고 4~5cm 길이로 채썰어 간장 양념장에 버무린다.

4. 팬에 지단을 부쳐 0.2cm 두께, 4cm 길이로 채썰기를 하고 소고기를 볶는다.
5. 김은 구워 부셔준다.

6. 청포묵, 숙주, 미나리, 소고기를 초간장에 버무려 그릇에 담고 김, 황·백지단을 고명으로 얹는다.

지급 재료

- 청포묵 〈중(길이 6cm)〉 ········ 150g
- 숙주 (생 것) ················ 20g
- 미나리 (줄기 부분) ············ 10g
- 소고기 (살코기, 길이 5cm) ······ 20g
- 달걀 ······················ 1개
- 식용유 ···················· 10ml
- 김 ······················ 1/4장
- 소금 (정제염) ················ 5g
- 참기름 ···················· 5ml
- 진간장 ···················· 20ml
- 대파 〈흰부분(4cm)〉 ·········· 1토막
- 마늘 〈중(깐 것)〉 ·············· 2쪽
- 검은후춧가루 ················ 1g
- 깨소금 ···················· 5g
- 흰설탕 ···················· 5g
- 식초 ······················ 5ml

포인트 TIP

1. 주재료인 청포묵을 요구사항에 맞게 썰어준다.
2. 데친 묵에 밑간을 할 때 참기름의 양이 과다하지 않도록 주의한다.
3. 완성된 탕평채 색상과 초간장의 양을 조절한다.

칠절판

Chapter 10. 한식 숙채 조리 - 기능사

칠절판의 유래
칠절판은 소고기, 석이, 오이, 당근, 황·백지단의 6가지 재료를 곱게 채 썰어 볶아 밀전병에 싸서 먹는 음식이다.

요구사항

▶ 주어진 재료를 사용하여 다음과 같이 칠절판을 만드시오.

가. 밀전병은 지름이 8cm가 되도록 6개를 만드시오.
나. 채소와 황·백지단, 소고기는 0.2cm × 0.2cm × 5cm로 써시오.
다. 석이버섯은 곱게 채를 써시오.

시험시간 40분

수험자 유의사항

1) 만드는 순서에 유의하며, 위생과 숙련된 기능평가를 위하여 조리작업 시 맛을 보지 않습니다.
2) 지정된 수험자지참준비물 이외의 조리기구나 재료를 시험장내에 지참할 수 없습니다.
3) 지급재료는 시험 전 확인하여 이상이 있을 경우 시험위원으로부터 조치를 받고 시험 중에는 재료의 교환 및 추가지급은 하지 않습니다.
4) 요구사항 및 지급재료의 규격은 "정도"의 의미를 포함하며, 재료의 크기에 따라 가감하여 채점됩니다.
5) 위생복, 위생모, 앞치마, 마스크를 착용하여야 하며, 시험장비·조리기구 취급 등 안전에 유의합니다.
6) 다음 사항은 실격에 해당하여 채점 대상에서 제외됩니다.
   가) 수험자 본인이 시험 도중 시험에 대한 포기 의사를 표현하는 경우
   나) 위생복, 위생모, 앞치마, 마스크를 착용하지 않은 경우
   다) 시험시간 내에 과제 두 가지를 제출하지 못한 경우
   라) 문제의 요구사항대로 과제의 수량이 만들어지지 않은 경우
   마) 완성품을 요구사항의 과제(요리)가 아닌 다른 요리(예, 달걀말이→달걀찜)로 만든 경우
   바) 불을 사용하여 만든 조리작품이 작품특성에 벗어나는 정도로 타거나 익지 않은 경우
   사) 해당과제의 지급재료 이외 재료를 사용하거나, 요구사항의 조리기구(석쇠 등)로 완성품을 조리하지 않은 경우
   아) 지정된 수험자지참준비물 이외의 조리기술에 영향을 줄 수 있는 기구를 사용한 경우
   자) 가스레인지 화구 2개 이상(2개 포함) 사용한 경우
   차) 시험 중 시설·장비(칼, 가스레인지 등) 사용 시 시험위원 및 타수험자의 시험 진행에 위해를 일으킬 것으로 시험위원 전원이 합의하여 판단한 경우
   카) 요구사항에 표시된 실격 및 부정행위에 해당하는 경우
7) 항목별 배점은 위생상태 및 안전관리 5점, 조리기술 30점, 작품의 평가 15점입니다.
8) 시험시작 전 가벼운 몸 풀기(스트레칭) 동작으로 긴장을 풀고 시험을 시작합니다.

만드는 법

1. 오이는 0.2cm 두께, 5cm 길이로 돌려 깎아 채썰어 소금에 절이고 당근도 0.2cm 두께, 5cm 길이로 채썰어 소금간을 한다.

2. 불린 석이버섯은 물기제거 후 돌돌 말아 채썰기를 하여 소금, 참기름으로 양념한다.

3. 소고기는 0.2cm 두께, 길이 5cm로 채썰어 간장, 설탕, 다진 파, 마늘, 참기름, 후추, 깨소금으로 양념하여 놓는다.

4. 밀가루 5큰술에 동량의 물과 적당량의 소금을 넣어 풀어준 뒤 체에 걸러준다.

5. 팬에 식용유를 두른 뒤 지름 8cm의 밀전병을 6장 부친다.

6. 달걀은 황·백으로 분리하여 소금을 각각 넣어 풀어준 뒤 황·백지단을 부쳐서 0.2cm 폭, 5cm 길이로 채썰기를 한다.

7. 팬에 오이, 당근, 석이버섯, 소고기를 각각 차례대로 볶아 식힌다.

8. 완성접시에 밀전병을 가운데 담고 6가지 찬을 돌려가며 색을 맞추어 담는다.

지급 재료

- 오이 (가늘고 곧은 것, 길이 20cm) … 1/2개
- 당근 (곧은 것, 길이 7cm) ………… 50g
- 석이버섯 〈부서지지 않은 것(마른 것)〉… 5g
- 소고기 (살코기, 길이 6cm) ……… 50g
- 달걀 ……………………………… 1개
- 밀가루 (중력분) …………………… 50g
- 소금 (정제염) ……………………… 10g
- 식용유 ……………………………… 30ml
- 대파 〈흰부분(4cm)〉……………… 1토막
- 마늘 〈중(깐 것)〉 ………………… 2쪽
- 검은후춧가루 ……………………… 1g
- 참기름 ……………………………… 10ml
- 흰설탕 ……………………………… 10g
- 깨소금 ……………………………… 5g
- 진간장 ……………………………… 20ml

포인트 TIP

1. 각각의 재료를 곱게 채썬다.
2. 밀전병을 부칠 때 기름의 양을 조절하고 약불에서 타지 않게 서서히 익힌다.

오징어볶음

Chapter 11. 한식 볶음 조리 – 기능사

오징어볶음의 유래
오징어는 성분 중 단백질이 17%를 차지하는 고단백 식품으로 익으면 소화 흡수율이 좋아 볶음, 구이, 조림, 찌개 등에 많이 사용된다.

요구사항

▶ 주어진 재료를 사용하여 다음과 같이 오징어 볶음을 만드시오.

가. 오징어는 0.3cm 폭으로 어슷하게 칼집을 넣고, 크기는 4cm×1.5cm 로 써시오.
　(단, 오징어 다리는 4cm 길이로 자른다.)
나. 고추, 파는 어슷썰기, 양파는 폭 1cm로 써시오.

시험시간 30분

수험자 유의사항

1) 만드는 순서에 유의하며, 위생과 숙련된 기능평가를 위하여 조리작업 시 맛을 보지 않습니다.
2) 지정된 수험자지참준비물 이외의 조리기구나 재료를 시험장내에 지참할 수 없습니다.
3) 지급재료는 시험 전 확인하여 이상이 있을 경우 시험위원으로부터 조치를 받고 시험 중에는 재료의 교환 및 추가지급은 하지 않습니다.
4) 요구사항 및 지급재료의 규격은 "정도"의 의미를 포함하며, 재료의 크기에 따라 가감하여 채점됩니다.
5) 위생복, 위생모, 앞치마, 마스크를 착용하여야 하며, 시험장비·조리기구 취급 등 안전에 유의합니다.
6) 다음 사항은 실격에 해당하여 채점 대상에서 제외됩니다.
　가) 수험자 본인이 시험 도중 시험에 대한 포기 의사를 표현하는 경우
　나) 위생복, 위생모, 앞치마, 마스크를 착용하지 않은 경우
　다) 시험시간 내에 과제 두 가지를 제출하지 못한 경우
　라) 문제의 요구사항대로 과제의 수량이 만들어지지 않은 경우
　마) 완성품을 요구사항의 과제(요리)가 아닌 다른 요리(예, 달걀말이→달걀찜)로 만든 경우
　바) 불을 사용하여 만든 조리작품이 작품특성에 벗어나는 정도로 타거나 익지 않은 경우
　사) 해당과제의 지급재료 이외 재료를 사용하거나, 요구사항의 조리기구(석쇠 등)로 완성품을 조리하지 않은 경우
　아) 지정된 수험자지참준비물 이외의 조리기술에 영향을 줄 수 있는 기구를 사용한 경우
　자) 가스레인지 화구 2개 이상(2개 포함) 사용한 경우
　차) 시험 중 시설·장비(칼, 가스레인지 등) 사용 시 시험위원 및 타수험자의 시험 진행에 위해를 일으킬 것으로 시험위원 전원이 합의하여 판단한 경우
　카) 요구사항에 표시된 실격 및 부정행위에 해당하는 경우
7) 항목별 배점은 위생상태 및 안전관리 5점, 조리기술 30점, 작품의 평가 15점입니다.
8) 시험시작 전 가벼운 몸 풀기(스트레칭) 동작으로 긴장을 풀고 시험을 시작합니다.

만드는 법

지급 재료

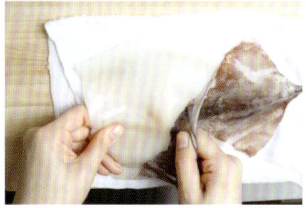
1. 오징어는 반을 갈라 내장을 제거하고 껍질을 벗겨 씻어준다.

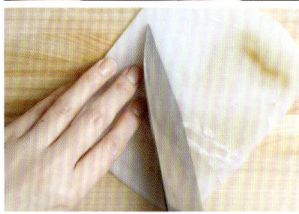
2. 손질된 오징어의 안쪽에 0.3cm 간격으로 어슷하게 칼집을 넣고 4cm 가로, 1.5cm 세로로 썰고 오징어 다리는 4cm 길이로 썬다.

3. 마늘과 생강은 다지고 양파는 4cm 길이로 썰고, 홍고추, 풋고추는 0.5cm 두께로 어슷 썰어 씨를 제거, 대파도 어슷 썰어 준비한다.

4. 고추장 2큰술, 고춧가루 1큰술, 설탕, 다진 마늘, 생강, 간장 2작은술, 참기름, 깨소금, 후추를 섞어 양념장을 만든다.

5. 팬에 식용유를 두르고 양파를 볶다가 오징어를 넣어 함께 볶는다.

6. 5에 양념장을 넣어 고루 섞어 볶다가 홍고추, 풋고추, 대파를 넣어 완성한다.

- 물오징어 (250g) ············· 1마리
- 소금 (정제염) ················ 5g
- 마늘 〈중(깐 것)〉 ············· 2쪽
- 생강 ······················ 5g
- 양파 (중 150g) ··············· 1/3개
- 홍고추 (생) ·················· 1개
- 풋고추 (길이 5cm 이상) ········· 1개
- 대파 〈흰부분(4cm)〉 ·········· 1토막
- 고추장 ···················· 50g
- 고춧가루 ··················· 15g
- 진간장 ···················· 10ml
- 깨소금 ····················· 5g
- 흰설탕 ···················· 20g
- 검은후춧가루 ················· 2g
- 참기름 ···················· 10ml
- 식용유 ···················· 30ml

 포인트 **TIP**

1. 오징어 칼집을 넣을 때는 안쪽(내장이 있는 부분)에 넣어야 익었을 때 모양이 좋다.
2. 익으면서 오징어의 크기가 작아지므로 약간 크게 썬다.
3. 물기가 생기지 않도록 센 불에서 재빨리 볶아낸다.

배추김치

Chapter 12. 한식 김치 조리 - 기능사

배추김치의 유래
배추를 주재료로 하여 소금에 절여 헹군 뒤 기호에 따라 여러 가지 양념을 넣고 담그는 김치로, 1800년대 이후 배추가 우리나라에 재배되면서부터 보편화되었다.

요구사항
▶ 주어진 재료를 사용하여 다음과 같이 배추김치를 만드시오.

가. 배추는 씻어 물기를 빼시오.
나. 찹쌀가루로 찹쌀풀을 쑤어 식혀 사용하시오.
다. 무는 0.3cm× 0.3cm× 5cm 크기로 채 썰어 고춧가루로 버무려 색을 들이시오.
라. 실파, 갓, 미나리, 대파(채썰기)는 4cm로 썰고, 마늘, 생강, 새우젓은 다져 사용하시오.
마. 소의 재료를 양념하여 버무려 사용하시오.
바. 소를 배춧잎 사이사이에 고르게 채워 반을 접어 바깥잎으로 전체를 싸서 담아내시오.

시험시간 35분

수험자 유의사항

1) 만드는 순서에 유의하며, 위생과 숙련된 기능평가를 위하여 조리작업 시 맛을 보지 않습니다.
2) 지정된 수험자지참준비물 이외의 조리기구나 재료를 시험장내에 지참할 수 없습니다.
3) 지급재료는 시험 전 확인하여 이상이 있을 경우 시험위원으로부터 조치를 받고 시험 중에는 재료의 교환 및 추가지급은 하지 않습니다.
4) 요구사항 및 지급재료의 규격은 "정도"의 의미를 포함하며, 재료의 크기에 따라 가감하여 채점됩니다.
5) 위생복, 위생모, 앞치마, 마스크를 착용하여야 하며, 시험장비·조리기구 취급 등 안전에 유의합니다.
6) 다음 사항은 실격에 해당하여 채점 대상에서 제외됩니다.
   가) 수험자 본인이 시험 도중 시험에 대한 포기 의사를 표현하는 경우
   나) 위생복, 위생모, 앞치마, 마스크를 착용하지 않은 경우
   다) 시험시간 내에 과제 두 가지를 제출하지 못한 경우
   라) 문제의 요구사항대로 과제의 수량이 만들어지지 않은 경우
   마) 완성품을 요구사항의 과제(요리)가 아닌 다른 요리(예, 달걀말이→달걀찜)로 만든 경우
   바) 불을 사용하여 만든 조리작품이 작품특성에 벗어나는 정도로 타거나 익지 않은 경우
   사) 해당과제의 지급재료 이외 재료를 사용하거나, 요구사항의 조리기구(석쇠 등)로 완성품을 조리하지 않은 경우
   아) 지정된 수험자지참준비물 이외의 조리기술에 영향을 줄 수 있는 기구를 사용한 경우
   자) 가스레인지 화구 2개 이상(2개 포함) 사용한 경우
   차) 시험 중 시설·장비(칼, 가스레인지 등) 사용 시 시험위원 및 타수험자의 시험 진행에 위해를 일으킬 것으로 시험위원 전원이 합의하여 판단한 경우
   카) 요구사항에 표시된 실격 및 부정행위에 해당하는 경우
7) 항목별 배점은 위생상태 및 안전관리 5점, 조리기술 30점, 작품의 평가 15점입니다.
8) 시험시작 전 가벼운 몸 풀기(스트레칭) 동작으로 긴장을 풀고 시험을 시작합니다.

만드는 법

1. 절임배추는 씻어 속이 밑으로 가도록 체에 받쳐 물기를 뺀다.

2. 찹쌀가루에 물 1컵을 넣고 잘 풀어준 후, 끓여 식힌다.

3. 무는 0.3cm×0.3cm×5cm 크기로 채 썰어 고춧가루 1큰술 넣고 버무려 색을 들인다.

4. 실파, 갓, 미나리, 대파는 4cm로 썰고, (대파는 채 썰기) 마늘, 생강, 새우젓은 다진다.

5. 찹쌀풀에 고춧가루, 다진 마늘, 다진 생강, 다진 새우젓, 멸치액젓, 설탕, 소금을 넣어 양념장을 만든다.

6. 무에 양념장을 버무린 후, 실파, 갓, 미나리, 대파를 버무려 소를 만든다.

7. 소를 배춧잎 사이사이에 고르게 채워 반을 접어 바깥 잎으로 전체를 싸서 담아낸다.

지급 재료

- 절임배추 (포기당 2.5~3kg, 1/4포기당 500~600g) ················· 1/4포기
- 무 (길이 5cm 이상) ················ 100g
- 실파 (쪽파 대체가능) ················ 20g
- 갓 (적겨자 대체가능) ················ 20g
- 미나리 (줄기부분) ················ 10g
- 찹쌀가루 (건식가루) ················ 10g
- 새우젓 ················ 20g
- 멸치액젓 ················ 10ml
- 대파 《흰부분(4cm)》 ················ 1토막
- 마늘 《중(깐 것)》 ················ 2쪽
- 생강 ················ 10g
- 고춧가루 ················ 50g
- 소금 (재제염) ················ 10g
- 흰설탕 ················ 10g

 포인트 TIP

1. 바깥 잎으로 전체를 감쌀 때, 소가 빠지지 않고 공기가 들어가지 않도록 꼭 싸서 담아낸다.

오이소박이

Chapter 12. 한식 김치 조리 - 기능사

오이소박이의 유래
여름철 별미김치로 오이의 독특한 향과 아삭아삭 씹히는 질감이 좋고 젓갈을 사용하지 않기 때문에 맛이 깔끔하고 담백하다.

🖊 요구사항

▶ 주어진 재료를 사용하여 다음과 같이 오이소박이를 만드시오.

가. 오이는 6cm길이로 3토막 내시오.
나. 오이에 3~4갈래 칼집을 넣을 때 양쪽 끝이 1cm 남도록 하고, 절여 사용하시오.
다. 소를 만들 때 부추는 1cm 길이로 썰고, 새우젓은 다져 사용하시오.
라. 그릇에 묻은 양념을 이용하여 국물을 만들어 소박이 위에 부어내시오.

시험시간 20분

📋 수험자 유의사항

1) 만드는 순서에 유의하며, 위생과 숙련된 기능평가를 위하여 조리작업 시 맛을 보지 않습니다.
2) 지정된 수험자지참준비물 이외의 조리기구나 재료를 시험장내에 지참할 수 없습니다.
3) 지급재료는 시험 전 확인하여 이상이 있을 경우 시험위원으로부터 조치를 받고 시험 중에는 재료의 교환 및 추가지급은 하지 않습니다.
4) 요구사항 및 지급재료의 규격은 "정도"의 의미를 포함하며, 재료의 크기에 따라 가감하여 채점됩니다.
5) 위생복, 위생모, 앞치마, 마스크를 착용하여야 하며, 시험장비·조리기구 취급 등 안전에 유의합니다.
6) 다음 사항은 실격에 해당하여 채점 대상에서 제외됩니다.
　가) 수험자 본인이 시험 도중 시험에 대한 포기 의사를 표현하는 경우
　나) 위생복, 위생모, 앞치마, 마스크를 착용하지 않은 경우
　다) 시험시간 내에 과제 두 가지를 제출하지 못한 경우
　라) 문제의 요구사항대로 과제의 수량이 만들어지지 않은 경우
　마) 완성품을 요구사항의 과제(요리)가 아닌 다른 요리(예, 달걀말이→달걀찜)로 만든 경우
　바) 불을 사용하여 만든 조리작품이 작품특성에 벗어나는 정도로 타거나 익지 않은 경우
　사) 해당과제의 지급재료 이외 재료를 사용하거나, 요구사항의 조리기구(석쇠 등)로 완성품을 조리하지 않은 경우
　아) 지정된 수험자지참준비물 이외의 조리기술에 영향을 줄 수 있는 기구를 사용한 경우
　자) 가스레인지 화구 2개 이상(2개 포함) 사용한 경우
　차) 시험 중 시설·장비(칼, 가스레인지 등) 사용 시 시험위원 및 타수험자의 시험 진행에 위해를 일으킬 것으로 시험위원 전원이 합의하여 판단한 경우
　카) 요구사항에 표시된 실격 및 부정행위에 해당하는 경우
7) 항목별 배점은 위생상태 및 안전관리 5점, 조리기술 30점, 작품의 평가 15점입니다.
8) 시험시작 전 가벼운 몸 풀기(스트레칭) 동작으로 긴장을 풀고 시험을 시작합니다.

만드는 법

지급 재료

1. 오이는 소금으로 비벼 씻어 6cm 길이로 3토막 썰어 놓는다.
2. 오이 양쪽 끝을 1cm 남기고 3~4갈래 칼집을 넣어 따뜻한 소금물에 절인다.
3. 부추는 다듬어 씻어 1cm 길이로 썬다.

4. 파, 마늘, 생강, 새우젓은 다진다.

- 오이 〈가는 것(20cm)〉 ············ 1개
- 부추 ································· 20g
- 새우젓 ······························ 10g
- 고춧가루 ···························· 10g
- 대파 〈흰부분(4cm)〉 ············ 1토막
- 마늘 〈중(깐 것)〉 ·················· 1쪽
- 생강 ································· 10g
- 소금 (정제염) ······················ 50g

5. 고춧가루, 다진 새우젓, 다진 파, 다진 마늘, 다진 생강, 물을 넣고 양념장을 만든 후, 부추를 넣어 소를 만든다.

6. 절여진 오이는 물에 씻은 후, 칼집 사이에 젓가락으로 소를 넣고 표면에 묻은 양념을 정리하여 완성 그릇에 담는다.

7. 그릇에 묻은 양념에 물 2큰술과 소금을 넣어 김칫국물을 만든다.
8. 담아낸 오이소박이 위에 국물 2큰술 정도를 촉촉하게 부어낸다.

1. 오이를 소금물에 절일 때, 칼집 사이에 소금을 얹고 물에 뜨지 않도록 그릇으로 눌러준다.
2. 칼집을 낸 곳이 잘 벌어지도록 절여준다.
3. 김칫국물은 체에 걸러 사용하면 더욱 깔끔하게 완성할 수 있다.
4. 속을 넣을 때 부추가 잘 들어가지 않을 수 있으므로, 양념장에 미리 버무려 두는 것이 좋다.

수험자 주의사항

1. 시험전날 준비사항
- 수험자는 시험일정이 정해지면 준비물을 꼼꼼히 준비한다.
- 냄비는 시험장에 제출하는 양이 한 컵 기준이므로 18cm가 적당하다.
- 지단 팬은 별도로 준비해 간다.
- 준비물에 없는 꼬지 여유분, 밀가루 반죽 시 사용할 위생봉투도 준비한다.
- 장신구(시계, 반지, 팔찌, 귀걸이)등의 착용과 매니큐어의 사용을 금하며, 위생복은 미리 깨끗하게 준비한다.

2. 시험당일
- 수험자는 자신의 수험번호와 시험날짜, 시간, 장소를 확인하여 지정된 시간 30분 전에 시험장에 도착하여 위생복과 위생모, 앞치마를 착용하고 기다린다.
- 출석을 확인한 후 등번호를 배정받고 감독위원의 지시에 따라 시험장에 입실한다.

3. 시험장에서 주의사항
- 배정받은 등번호에 지정된 조리대에 조리기구와 수험자 준비물을 정리하고 감독위원의 지시에 따른다.
- 지급재료 목록표와 지급받은 재료가 차이가 없는지 확인하여 차이가 있으면 시험위원에게 알려서 시험이 시작되기 전에 조치를 받도록 한다.
- 지급된 재료는 추가 지급되지 않는다.
- 제시하는 작품은 두 가지로 정해진 시간 내에 제출해야 점수를 받을 수 있다.
- 시험장에서 가장 주의할 점은 불을 놀리지 말아야 한다는 것이다.
- 작품이 완성되면 꼭 요구사항을 확인하고 지급재료 이외의 재료가 들어갔는지 다시 확인하여 감독 위원이 지시하는 장소로 신속히 제출한다.
- 작품 제출 후에 본인의 조리 작업대를 깨끗이 청소하고 조리기구를 정리 정돈한 후 감독위원의 지시 에 따라 퇴장한다.

개인위생상태 및 안전관리 세부기준 안내

순번	구분	세부기준

1	위생복 상의	• 전체 흰색, 손목까지 오는 긴소매
		  – 조리과정에서 발생 가능한 안전사고(화상 등) 예방 및 식품위생(체모 유입방지, 오염도 확인 등) 관리를 위한 기준 적용
		  – 조리과정에서 편의를 위해 소매를 접어 작업하는 것은 허용
		  – 부직포, 비닐 등 화재에 취약한 재질이 아닐 것, 팔토시는 긴팔로 불인정
		• 상의 여밈은 위생복에 부착된 것이어야 하며 벨크로(일명 찍찍이), 단추 등의 크기, 색상, 모양, 재질은 제한하지 않음(단, 핀 등 별도 부착한 금속성은 제외)

2	위생복 하의	• 색상·재질무관, 안전과 작업에 방해가 되지 않는 발목까지 오는 긴바지 – 조리기구 낙하, 화상 등 안전사고 예방을 위한 기준 적용
3	위생모	• 전체 흰색, 빈틈이 없고 바느질 마감처리가 되어 있는 일반 조리장에서 통용되는 위생모 (모자의 크기, 길이, 모양, 재질(면·부직포 등)은 무관)
4	앞치마	• 전체 흰색, 무릎아래까지 덮이는 길이 – 상하일체형(목끈형) 가능, 부직포·비닐 등 화재에 취약한 재질이 아닐 것
5	마스크 (입가리개)	• 침액을 통한 위생상의 위해 방지용으로 종류는 제한하지 않음 (단, 감염병 예방법에 따라 마스크 착용 의무화 기간에는 '투명 위생 플라스틱 입가리개'는 마스크 착용으로 인정하지 않음)
6	위생화 (작업화)	• 색상 무관, 굽이 높지 않고 발가락·발등·발뒤꿈치가 덮여 안전 사고를 예방할 수 있는 깨끗한 운동화 형태
7	장신구	• 일체의 개인용 장신구 착용 금지(단, 위생모 고정을 위한 머리핀 허용)
8	두발	• 단정하고 청결할 것, 머리카락이 길 경우 흘러내리지 않도록 머리망을 착용하거나 묶을 것
9	손 / 손톱	• 손에 상처가 없어야하나, 상처가 있을 경우 보이지 않도록 할 것 (시험위원 확인 하에 추가 조치 가능) • 손톱은 길지 않고 청결하며 매니큐어, 인조손톱 등을 부착하지 않을 것
10	폐식용유 처리	• 사용한 폐식용유는 시험위원이 지시하는 적재장소에 처리할 것
11	교차오염	• 교차오염 방지를 위한 칼, 도마 등 조리기구 구분 사용은 세척으로 대신하여 예방할 것 • 조리기구에 이물질(예, 테이프)을 부착하지 않을 것
12	위생관리	• 재료, 조리기구 등 조리에 사용되는 모든 것은 위생적으로 처리하여야 하며, 조리용으로 적합한 것일 것
13	안전사고 발생 처리	• 칼 사용(손 빔) 등으로 안전사고 발생 시 응급조치를 하여야 하며, 응급조치에도 지혈이 되지 않을 경우 시험진행 불가
14	눈금표시 조리도구	• 눈금표시된 조리기구 사용 허용 (실격 처리되지 않음, 2022년부터 적용) (단, 눈금표시에 재어가며 재료를 써는 조리작업은 조리기술 및 숙련도 평가에 반영)
15	부정 방지	• 위생복, 조리기구 등 시험장내 모든 개인물품에는 수험자의 소속 및 성명 등의 표식이 없을 것 (위생복의 개인 표식 제거는 테이프로 부착 가능)
16	테이프사용	• 위생복 상의, 앞치마, 위생모의 소속 및 성명을 가리는 용도로만 허용

※ 위 내용은 안전관리인증기준(HACCP) 평가(심사) 매뉴얼, 위생등급 가이드라인 평가 기준 및 시행상의 운영사항을 참고하여 작성된 기준입니다.

실기시험 준비물

지참공구명	규 격	단 위	수 량	비 고
위생복	백색	벌	1	-
위생모(머리수건)	백색	개	1	-
앞치마	백색	개	1	-
칼, 과도	보통조리용 칼	개	각1	-
숟가락, 나무젓가락	-	벌	각1	-
계량컵, 스푼	200ml, 큰술, 작은술	세트	1	-
밀대	-	개	1	-
위생타월(종이)	-	매	여러 장	-
국대접, 공기	-	개	각2	-
위생비닐, 랩	-	장	1	-
면행주	-	매	5	-
프라이팬	원형 또는 사각으로 바닥이 평평하며 특수 모양 성형이 없을 것	개	택1	-
냄비	18~20cm	개	1	-
강판, 석쇠	-	개	각1	꼬지 2개 정도
김발	20cm	개	-	-

실기시험 진행방법

1. 수험자는 시험 당일 정해진 실기시험 날짜, 장소, 시간을 정확히 확인 후 시험 30분 전에 수험자 대기실에 도착하여 시험 준비요원의 지시를 받는다.
2. 위생복과 위생모(머릿수건)를 단정히 착용한 후 준비요원의 호명에 따라 수험표와 주민등록증을 확인하고 등번호를 교부받아 등에 부착한다.
3. 대기실에서 실기시험장으로 이동하여 자신의 등번호와 같은 조리대를 찾아 실기시험 요리명과 제한 시간을 확인한 후 필요한 도구를 꺼내놓고 정리한다.
4. 본부요원의 지시에 따라 요구사항, 유의사항, 지급재료 등 주의사항을 경청하고 시험 볼 주재료, 양념, 조리기구 등을 확인하고 빠진 재료나 불량재료, 지급량이 부족한 재료가 있으면 교환이나 추가지급을 알려 시험이 시작 전에 조치를 받는다.
5. 시험 시작을 알리면 음식 만들기에 들어간다.
6. 두 가지 과제의 요구사항을 꼼꼼히 읽은 후 요구하는 대로 정해진 시간 내에 작품을 만들어 시험장에서 제시된 그릇에 담아 등번호와 함께 정해진 위치에 제출한다.
7. 작품을 제출한 다음 조리한 주변을 깨끗이 청소하고 조리기구 정리 후 실기 시험장에서 퇴실한다.

시험장에서의 유의사항

1. 수험자 준비물을 정리하고 시험 감독위원의 지시에 따른다.
2. 시험장소를 이탈할 경우 감독의 사전 승인을 받아야 한다.
3. 조리기구 사용 시 칼에 손을 베이거나 불에 데이지 않게 안전에 유의하고, 손을 베이거나 다쳤을 경우엔 시험 감독위원에게 알리고 조취를 취하도록 한다. 다쳤을 경우는 시험점수와 무관하다.
4. 지급된 재료 중 주재료는 전부 사용해야 한다.
5. 조리작품 만드는 순서는 틀리지 않게 하여야 한다.
6. 가스불은 하나밖에 사용할 수 없으므로 작품 두 가지를 정해진 시간 내에 완성할 수 있도록 시작 전 계획을 세워야 한다.
7. 숙련된 기능으로 맛을 내야 하므로 조리 작업시 맛을 보지 않는다.
8. 채점대상에서 제외되는 경우
   - 실 격 • 불을 사용하여 만든 조리 작품이 작품 특성에 벗어나는 정도로 타거나 익지 않은 것
     • 가스레인지 화구 2개 이상 사용한 경우
     • 시험 중 시설·장비(칼, 가스레인지 등) 사용 시 감독위원 및 타수험자의 시험진행에 위협이 될 것으로 감독위원 전원이 합의하여 판단한 경우
   - 미완성 • 문제의 요구사항 대로 작품의 수량이 만들어지지 않은 경우
     • 요구작품 두 가지 중 한 가지 작품만 만들었을 경우
     • 주어진 시간 내에 완성하지 못한 경우
   - 오 작 • 요리의 형태를 다르게 만들거나 해당 과제의 지급재료 이외의 재료를 사용한 경우

앞치마 착용 방법

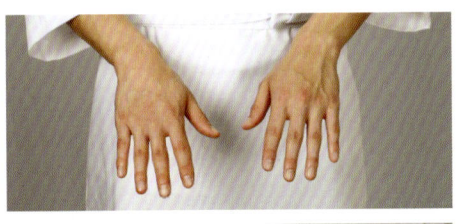

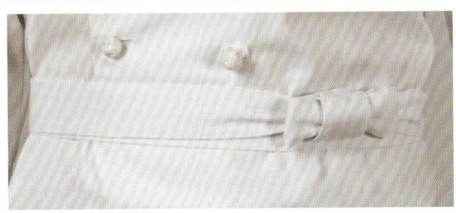

◀ 손톱 등 개인 위생을 깨끗이 하여 시험에 응하도록 한다. 손톱에 물들이거나 시계 및 반지 등은 착용을 피한다.

▲ • 앞치마를 바로 펴서 배의 적당한 곳에 기준을 잡고 가운과 앞치마를 옆구리쪽에서 같이 잡는다.
  • 끈을 뒤로 넘겨서 서로 교차시킨다.
  • 끈을 앞쪽으로 가져온다.
  • 왼쪽 옆구리에 가깝게 끈을 교차시킨다.
▶ 지정된 복장을 갖추어야 하고, 표식이 있는 복장은 피한다.

참고문헌

- 강인희, 한국식생활풍속, 1984.
- 김광호 외, 식생활과 문화, 광문각, 2000.
- 김지연, 이것만은 알아야 할 한국전통음식 개론, 형설출판사, 2003.
- 윤서석, 한국음식 · 역사와 조리, 수학사, 1986.
- 장혜진 외 주식류의 문헌적 고찰, 한국식생활문화학회지, 4(3), 1989.
- 조후종, 세시풍속과 우리 음식, 한림출판사, 2002.
  　　　 우리나라의 명절 음식 문화, 한국식생활문화학회지, 11(4), 1996.
- 한복려, 한국음식 대관(5), 형설출판사, 2002.
- 황혜성, 조선왕조 궁중음식, 사단법인 궁중음식연구원, 1993.
- 사) 한국전통음식연구소 지음, 아름다운 한국음식 300선, 한림출판사, 2008.
- 윤숙자 외, 한국음식 기초조리, 지구문화사, 2012.
- 손정우 외, 한국음식, 파워북, 2012.
- 정재홍 외, 한국조리, 형설, 2012.
- 구난숙 외, 세계속의 음식문화, 교문사, 2006.
- 이형근, 꼭 알아야 할 기초 한식조리, 도서출판 유강, 2013.
- 한국직업능력개발원 2020
  　NCS학습모듈: 한식 기초조리실무, 한식 밥 조리, 한식 죽 조리,
  　　　　　　　한식 국 · 탕조리, 한식 찌개 조리, 한식 전 · 적 조리,
  　　　　　　　한식 생채 · 회 조리, 한식 조림 · 초 조리, 한식 구이 조리,
  　　　　　　　한식 숙채 조리, 한식 볶음 조리, 한식 김치 조리

한식조리기능사 실기 요약 ✂

재료썰기

❶ 무: 껍질 제거 후 5cm×0.2cm×0.2cm 채썰기

❷ 오이: 0.2cm두께 돌려깎기 – 5cm×0.2cm 채썰기

❸ 당근: 5cm길이 – 1.5cm폭 – 0.2cm 두께 골패썰기

❹ 달걀: 황·백 분리 – 황·백 지단 부치기
한면이 1.5cm 마름모 10개씩 자르기
나머지는 5cm×0.2cm×0.2cm 채썰기

❺ 담아내기

콩나물밥

❶ 콩나물: 꼬리만 제거 – 세척

❷ 파, 마늘: 다지기

❸ 소고기: 핏물제거 – 5cm×0.2cm×0.2cm 채썰기
간장(1t), 파, 마늘, 참기름

❹ 냄비에 쌀과 물을 동량으로 담고 콩나물, 양념한 소고기 펼쳐 담기 – 센불 – 약불 – 뜸들이기 순으로 밥짓기

❺ 그릇에 전량 담아내기

비빔밥

❶ 청포묵: 5cm×0.5cm×0.5cm – 데치기 – 찬물 세척 – 물기제거 – 소금, 참기름

❷ 파, 마늘: 다지기

❸ 불린 쌀: 세척 후 동량의 물로 밥짓기

❹ 도라지: 5cm×0.3cm×0.3cm – 소금에 문질러 세척

❺ 애호박: 0.3cm 두께로 돌려깎기 – 5cm×0.3cm – 소금

❻ 고사리: 5cm – 간장, 설탕, 참기름

❼ 소고기: 5cm×0.3cm×0.3cm 채 – 1/3은 다지기
간장양념(간, 설, 파, 마, 후, 깨, 참) 해두기

❽ 달걀: 황·백 분리 – 지단부치기 – 5cm×0.3cm×0.3cm

❾ 팬(순서): 지단 – 도라지 – 애호박 – 다시마 튀기기 – 고사리 – 소고기 – 고추장(+물+다진 소고기) 볶기

❿ 밥담기 – 재료 돌려담기 – 가운데 볶음 고추장, 다시마 잘게 부수어 올리기

두부젓국찌개

❶ 굴: 소금물에 세척

❷ 홍고추: 3cm×0.5cm / 실파: 3cm

❸ 마늘: 다지기 / 새우젓: 즙내기

❹ 두부: 3cm×2cm×1cm 사각썰기

❺ 냄비에 물 1컵반 소금 – 두부 – 굴 – 홍고추 – 마늘 – 새우젓 – 불끄기 – 참기름 – 실파 – 건더기 담기 – 국물 1컵 부어 내기

생선전

1. 생선: 비늘, 지느러미, 머리, 내장 제거－세척－3장뜨기－껍질제거－6cm×5cm×0.4cm로 8장 포뜨기－소금, 흰후추 간 해두기(완성 5cm×4cm×0.5cm)
2. 생선 물기제거 후 밀가루－달걀물(흰자, 노른자 혼합) 입히기－팬에 식용유 둘러 중약불에서 지져내기
3. 접시에 가지런히 담기

장국죽

1. 불린 쌀: 세척－물기제거－큰그릇에 담아 방망이로 부수기(한 싸라기)
2. 파, 마늘: 다지기
3. 표고: 세척－물기제거－얇게 포뜨기－두께 0.2cm 길이 3cm 채－간장, 참기름
4. 소고기: 다지기－간장, 파, 마늘, 후추, 깨, 참기름으로 양념해두기(설탕 제외)
5. 냄비－참기름－표고－소고기－반싸라기 볶기－물(3컵) 넣어 끓이기－불조절, 저어주기, 거품제거－호화－불끄기－국간장(연한 갈색)－담기

완자탕

1. 소고기(사태): 찬물 3컵에 통마늘+대파 반토막 넣어 육수내기－체+면보－육수 걸러 두기－소금, 국간장(1t)
2. 파, 마늘: 다지기 / 두부: 물기 제거－곱게 으깨기
3. 소고기(살코기): 핏물제거－곱게 다지기
4. 다진 소고기+두부+소, 설, 파, 마, 후, 깨, 참－잘 치대기－직경 3cm 완자 6개 만들기
5. 달걀: 황·백 분리(1/2남기기)－지단부치기 마름모 2개씩 잘라두기
6. 완자－밀가루－남긴 달걀물 입히기－팬에 굴려가며 익히기
7. 1번 육수 끓이기－완자 넣기－완자 담기－국물 1컵 담기－마름모꼴 황·백지단 2개씩 띄우기

생선찌개

1. 무: 껍질 제거 후 2.5cm×3.5cm×0.8cm 사각썰기－찬물2컵 반+고추장(1T)+무 넣어 끓여두기
2. 마늘, 생강: 다지기 / 청·홍고추: 0.5cm 두께 어슷썰기－씨 제거
3. 애호박: 0.5cm 두께 반달형 썰기
4. 실파, 쑥갓: 4cm 썰기/두부: 2.5cm×3.5cm×0.8cm
5. 생선: 비늘, 지느러미, 아가미, 제거－4~5cm 정도 토막－내장제거－머리부분의 주둥이 잘라내기－세척
6. 1의 육수 끓이기－소금, 고춧가루－생선(머리 포함)－애호박－두부－청·홍고추－마늘, 생강－거품제거－실파－불끄기
7. 그릇에 건더기 담기－쑥갓 올리기－국물을 건더기의 2/3 정도 부어주기

육원전

1. 파, 마늘: 다지기
2. 두부: 물기 제거 – 곱게 으깨기
3. 소고기: 핏물 제거 – 곱게 다지기
4. 두부+소고기+소, 설, 파, 마, 후, 깨, 참 – 잘 치대기
   - 직경 4.5cm, 두께 0.7cm 둥글 납작한 완자 6개
   - 밀가루 – 달걀물 입혀 팬에서 타지않게 지져내기
   - 측면도 굴려가며 익히기
5. 담아내기(완성 직경 4cm, 두께 0.7cm 6개)

표고전

1. 표고: 세척 후 기둥 제거 – 표고 검정부분 간장, 설탕, 참기름으로 유장 처리
2. 파, 마늘: 다지기 / 두부: 물기제거 – 곱게 으깨기
3. 소고기: 핏물제거 – 곱게 다지기
4. 두부+소고기+소, 설, 파, 마, 후, 깨, 참 – 잘 치대기
5. 1의 표고 안쪽에 밀가루 – 소 평평히 채우기 – 밀가루 – 달걀물(노른자 많이) 입히기
6. 팬에서 소부분 지져내기 – 뒷부분 약불에서 익히기
7. 담기(5개 제출)

섭산적

1. 잣: 곱게 다지기
2. 파, 마늘: 다지기
3. 두부: 물기제거 – 곱게 으깨기
4. 소고기: 핏물제거 – 곱게 다지기
5. 두부(1)+소고기(3)+소, 설, 파, 마, 후, 깨, 참 – 잘 치대기 – 두께 0.5cm, 8cm×8cm 정도의 반대기 짓기
6. 석쇠 예열 – 식용유로 코팅 – 5번의 반대기를 타지 않게 구워 주기 – 사방 2cm로 9조각 썰어 담기
7. 잣가루 올리기

화양적

1. 도라지, 당근: 껍질 제거 – 6cm×1cm×0.6cm 2개 썰기 – 데치기 – 찬물에 세척 – 물기 제거 – 소금, 참기름 밑간
2. 오이: 6cm×1cm×0.6cm 2개 썰기 – 소금에 절이기 – 찬물에 세척 – 물기 제거
3. 표고: 기둥제거 – 6cm×1cm×0.6cm 2개 썰기 – 간, 설, 참
4. 소고기: 0.4cm두께 – 잔칼집 – 8cm×1cm – 간장양념(간, 설, 파, 마, 후, 깨, 참) 해두기
5. 잣: 곱게 다지기/황지단 두껍게 부치기 – 6cm×1cm
6. 팬: 도라지 – 오이 – 당근 – 표고 – 소고기 익히기
7. 꼬치에 끼우기 – 꼬치 양쪽 1cm남기고 잘라주기
8. 담기 – 잣가루 올리기

지짐누름적

1. 도라지, 당근: 껍질 제거 – 6cm×1cm×0.6cm 2개 썰기 – 데치기 – 찬물에 세척 – 물기 제거
2. 쪽파: 6cm 썰기 – 소금, 참기름 밑간
3. 표고: 기둥제거 – 6cm×1cm×0.6cm 2개 썰기 – 간, 설, 참
4. 소고기: 0.4cm두께 – 잔칼집 – 8cm×1cm – 간장양념 (간, 설, 파, 마, 후, 깨, 참) 해두기
5. 팬: 도라지 – 당근 – 소고기 – 표고 익히기
6. 재료 꼬치에 끼우기 – 밀가루 – 달걀물 입혀 지져내기
7. 꼬치 빼고 담기

풋고추전

1. 풋고추: 길게 반 자르기 – 머리와 꼬리부분으로부터 5cm 자르기(8개) – 씨제거 – 살짝 데치기 – 찬물세척
2. 두부: 물기제거 – 곱게 으깨기
3. 소고기: 핏물제거 – 곱게 다지기
4. 두부+소고기+소, 설, 파, 마, 후, 깨, 참 – 잘 치대기
5. 풋고추 물기제거 – 풋고추 안쪽에 밀가루 – 소 평평히 채우기 – 밀가루 – 달걀물(노른자 많이) 입히기
6. 팬에서 소부분만 익혀내기 – 담기

무생채

1. 무: 껍질제거 – 6cm×0.2cm×0.2cm 채썰기 – 고운 고춧가루로 버무려 두기(너무 붉지 않게 주의)
2. 파, 마늘, 생강: 다지기
3. 양념: 소금, 파, 마늘, 생강, 설탕, 식초, 깨 혼합
4. 제출 직전에 양념에 무를 무쳐내어 담기 (70g 이상 제출 – 폐기율이 30% 이상되지않도록 함)

도라지생채

1. 도라지: 껍질제거 – 6cm×0.3cm×0.3cm 채썰기 – 소금물에 담가 쓴맛 제거
2. 파, 마늘: 다지기 / 고춧가루 – 고운 체에 내려두기
3. 양념: 고추장(1T), 고춧가루(1t), 파, 마늘, 설탕, 식초, 깨 혼합
4. 도라지를 찬물에 세척 – 물기제거 – 양념에 무쳐내기(양념이 과하지 않도록 주의)

더덕생채

❶ 더덕: 껍질제거-5cm 길이로 편썰기-소금물에 담가 두기-찬물세척-물기제거-방망이로 두들겨 가늘게 찢어주기

❷ 파, 마늘: 다지기 / 고춧가루- 고운 체에 내려두기

❸ 양념: 고춧가루(2t), 파, 마늘, 설탕, 식초, 깨 혼합

❹ 더덕을 양념에 무쳐내기(양념이 과하지 않도록 주의)

겨자채

❶ 소고기: 핏물제거-끓는 물에 삶기-4cm×1cm×0.3cm 썰기

❷ 겨자가루+미지근 한 물-소고기 삶는 냄비뚜껑 위에 엎어서 발효시키기

❸ 양배추, 당근, 오이: 4cm×1cm×0.3cm-찬물에 담가두기

❹ 배: 4cm×1cm×0.3cm-설탕물에 담가두기

❺ 밤: 껍질제거-모양대로 0.3cm 편썰기

❻ 달걀: 황·백 분리-지단부치기-4cm×1cm×0.3cm

❼ 발효겨자, 설탕, 식초, 진간장, 소금-혼합(겨자소스)

❽ 채소류 물기제거+소고기+지단을 겨자소스에 버무려 담기-통잣 올리기

육회

❶ 마늘: 2/3는 편썰기-1/3은 다지기

❷ 파: 다지기 / 잣: 곱게 다지기

❸ 소고기: 핏물제거-0.3cm×0.3cm×6cm 채-소, 설, 파, 마, 후, 깨, 참으로 양념

❹ 배: 껍질제거-0.3cm×0.3cm×5cm 채-접시 가장자리에 돌려담기-가운데 육회 담기-소고기 옆면에 마늘편 돌려담기-육회 위에 잣가루 올리기 (배를 미리 썰어두었을 때는 설탕물에 담가두기)

미나리강회

❶ 미나리: 줄기만 소금물에 데치기-찬물에 헹구기

❷ 소고기: 끓는 물에 삶기-5cm×1.5cm×0.3cm 8장

❸ 홍고추: 4cm×0.5cm 8개

❹ 달걀: 황·백 분리-0.3cm두께 지단부치기 -5cm×1.5cm로 8장씩 자르기

❺ 고추장, 설탕, 식초 동량으로 혼합-초고추장 만들어 종지에 담기

❻ 편육, 백지단, 황지단, 홍고추 순으로 포개어 미나리로 감기-강회 8개 담기-초고추장과 곁들여 내기

두부조림

❶ 두부: 4.5cm×3cm×0.8cm 8개 썰기 – 소금 뿌려 두기
❷ 대파: 2cm 길이 고운 채썰기 / 실고추: 2cm
❸ 두부 물기 제거 후 팬에서 노릇하게 지져내기
❹ 간장(1T), 설탕(1/2T), 다진 마늘, 후추, 깨, 참기름 +물1컵
❺ 두부 냄비에 담기 – 4번의 양념물 부어 졸여 내기 – 담기 – 대파채, 실고추 올리기 – 국물 3T 정도 끼얹기

홍합초

❶ 홍합: 세척 – 살짝 데치기 – 수초 제거
❷ 마늘, 생강: 편썰기 / 대파: 2cm로 썰기
❸ 잣: 곱게 다지기
❹ 냄비에 간장(2T), 설탕(1T), 후추, 물(4T), 생강, 마늘 넣어 끓이기 – 대파 넣고 중불에 은근히 끓이기 – 홍합 넣어 졸이기 – 참기름 – 담기 – 국물 1~2T 끼얹기 – 잣가루 올리기

너비아니구이

❶ 배: 즙 만들기
❷ 파, 마늘: 다지기
❸ 소고기: 핏물제거 – 0.4cm 두께로 6장 썰기 – 칼집 내기 – 6cm×5cm로 자르기(완성4cm×5cm×0.5cm)
❹ 간장(2T), 설탕(1T), 배즙(1T), 파, 마늘, 후추, 깨, 참기름으로 양념하여 재워두기
❺ 잣: 곱게 다지기
❻ 석쇠에 굽기 – 담기 – 잣가루 올리기

제육구이

❶ 파, 마늘, 생강: 다지기
❷ 고추장(2T), 설탕(1T), 간장(1t), 파, 마늘, 생강, 후추, 깨, 참기름+물(1T 정도) 혼합하여 양념장 만들기
❸ 돼지고기: 0.4cm 두께로 6~8장 썰기 – 칼집내기 – 4.5cm×5.5cm로 자르기(완성4cm×5cm×0.4cm)
❹ 양념장에 재워 두기
❺ 석쇠에 굽기 – 전량 담아내기

북어구이

❶ 북어포: 물에 불리기 – 비늘, 지느러미, 머리, 뼈 제거 – 물기 제거 – 6cm 길이 3토막 내기 – 껍질 쪽 칼집 내기

❷ 유장(간장1 : 참기름3)처리하여 석쇠에 초벌구이하기

❸ 고추장(2T), 설탕(1T), 다진 파, 마늘, 후추, 깨, 참기름+물(1T정도) 혼합하여 양념장 만들기

❹ 북어에 양념장 골고루 바르기

❺ 석쇠에 구워 담기(완성 길이 5cm 3개)

더덕구이

❶ 더덕: 껍질 제거 – 5cm 정도의 길이로 자르기 – 0.3cm 정도 두께로 편썰기 – 소금물에 담가 두기

❷ 고추장(2T), 설탕(1t), 다진 파, 마늘, 깨, 참기름(후추×)+물(1T 정도) 혼합하여 양념장 만들기

❸ 절여진 더덕 세척 – 물기제거 – 방망이로 두들겨 결 내기 – 유장(간장1:참기름3)처리하여 석쇠에 초벌구이하기

❹ 더덕에 양념장 골고루 바르기

❺ 석쇠에 구워 전량 담기 내기

생선양념구이

❶ 생선: 아가미쪽으로 내장 빼내기 – 비늘, 아가미, 지느러미 제거 – 앞, 뒤로 칼집 내기 – 소금에 절여 두기

❷ 고추장(2T), 설탕(1T), 다진 파, 마늘, 깨, 후추, 참기름+물(1T 정도) 혼합하여 양념장 만들기

❸ 절여진 생선 세척 – 물기제거 – 유장(간장1 : 참기름3)처리 – 석쇠에 초벌구이하기 – 식힌 뒤 석쇠에서 떼어내기 – 양념장 바르기 – 굽기 – 머리 왼쪽, 배 아래쪽 방향으로 담기

잡채

❶ 숙주: 거두절미 – 데치기 – 찬물세척 – 물기제거 – 소금, 참기름

❷ 당면: 물에 불리기 – 삶기 – 물기 제거 – 간장, 설탕, 참기름

❸ 도라지: 껍질제거 – 6cm×0.3cm×0.3cm – 소금물 – 세척

❹ 양파, 당근: 6cm×0.3cm×0.3cm 채

❺ 오이: 0.3cm 두께 돌려깎기 – 6cm×0.3cm – 소금 – 세척

❻ 표고: 6cm×0.3cm×0.3cm, 목이: 찢기 – 간장, 설탕, 참기름

❼ 소고기: 6×0.3cm×0.3cm – 간장양념(간, 설, 파, 마, 후, 깨, 참)

❽ 팬에 황·백 지단부치기 – 4cm×0.2cm×0.2cm – 도라지, 오이, 양파, 당근, 표고, 목이, 소고기, 당면순으로 볶기

❾ 재료 혼합하여 담기 – 황·백 지단 올리기

탕평채

1. 청포묵: 6cm×0.4cm×0.4cm – 데치기 – 찬물세척 – 물기제거 – 소금, 참기름
2. 미나리: 줄기만 데치기 – 찬물세척 – 물기제거 – 4cm
3. 숙주: 거두절미 – 데치기 – 찬물세척 – 물기제거 – 소금, 참기름
4. 황·백 지단부치기 – 4cm×0.2cm×0.2cm
5. 소고기: 5×0.2cm×0.2cm 채 – 간장양념(간, 설, 파, 마, 후, 깨, 참) – 볶기
6. 김: 구워서 부셔두기
7. 간장, 설탕, 식초 동량으로 혼합하여 초간장 만들기
8. 모든 재료 초간장에 무치기 – 담기 – 김, 지단 올리기

칠절판

1. 밀가루(5T), 물(5T), 소금을 혼합하여 밀전병 반죽 숙성
2. 오이: 0.2cm 두께 돌려깍기 – 5cm×0.2cm – 소금 – 세척
3. 당근: 5cm×0.2cm×0.2m – 소금 – 세척
4. 석이버섯: 불리기 – 세척 – 돌돌 말아 고운 채썰기 – 소금, 참기름
5. 소고기: 5×0.2cm×0.2m – 간장양념(간, 설, 파, 마, 후, 깨, 참)
6. 황·백 지단부치기 – 5cm×0.2cm×0.2m
7. 지름 8cm 밀전병 6장 부치기
8. 오이 – 당근 – 석이버섯 – 소고기 순으로 각각 볶아 내기
9. 접시 가운데 밀전병 담고 재료 돌려담기

오징어볶음

1. 오징어: 내장 제거 – 세척 – 껍질제거 – 안쪽에 0.3cm 간격 어슷 칼집 – 4cm×1.5cm 자르기(다리: 4cm)
2. 청·홍고추: 어슷썰기 – 씨 제거
3. 양파: 4cm×1cm 자르기
4. 대파: 어슷 썰기
5. 양념: 다진 마늘, 생강, 고추장(2T), 고춧가루(1T), 간장, 설탕, 후추, 깨, 참기름 혼합
6. 팬에 식용유 조금 – 양파 – 오징어 – 양념장 – 청·홍고추 – 대파 순으로 볶기 – 담기

배추김치

1. 절임배추: 찬물에 세척 → 속이 밑으로 가도록 체에 받쳐 두기
2. 찹쌀가루(전량) + 물 1컵 → 찹쌀풀
3. 무: 5cm×0.3cm×0.3cm 채썰기 → 고춧가루 1T에 버무려 두기
4. 실파, 갓, 미나리: 4cm 길이로 썰기
   대파: 4cm×0.2cm 채썰기
5. 마늘, 생강, 새우젓: 다지기
6. 찹쌀풀 + 고춧가루, 마늘, 생강, 새우젓, 멸치액젓 2t, 설탕 1T, 소금 1T → 양념장 만들기
7. 무 + 양념장 → 버무리기 → 실파, 갓, 미나리, 대파를 넣어 소 만들기
8. 소를 배춧잎 사이사이에 골고루 넣기 → 배추를 반으로 접어 바깥잎으로 싸서 담아내기

오이소박이

❶ 오이: 소금으로 문질러 세척 → 6cm로 자르기(3토막)
　　→ 양쪽 끝 1cm 남기고 3~4갈래 칼집 넣기
　　→ 소금에 절이기

❷ 부추: 1cm로 자르기

❸ 파, 마늘, 생강, 새우젓: 다지기

❹ 고춧가루, 파, 마늘, 새우젓, 물 1T정도를 넣어 양념장 만들기

❺ 양념장에 부추를 넣어 살살 버무려 소 만들기

❻ 절여진 오이 찬물에 헹궈 물기 제거

❼ 오이 칼집에 소 채우기

❽ 남은 양념에 물과 소금을 조금씩 넣어 국물 만들기

❾ 소박이를 그릇에 담고 국물 1~2T 정도 끼얹어 완성하기

한식 조리기능사 실기

초 판 발 행 | 2019년 9월 2일
개정판 12쇄 | 2025년 2월 20일

저　　　자 | 강란기
발　행　처 | 도서출판 유강
발　행　인 | 柳麟夏

주　　　소 | 경기도 성남시 중원구 상대원동 144-3 우림라이온스벨리 5차 B동 412호
전　　　화 | 010-5026-4204
총　무　과 | 031-750-0238
홈 페 이 지 | www.ukang.co.kr

디　자　인 | 옥별
사　　　진 | 황익상

ISBN 979-11-90591-01-0

정가 13,000원

잘못된 책은 교환해 드립니다.
저자와 협의하에 인지를 생략합니다.

본 책의 무단복제 행위는 저작권법에 의거 5년 이하의 징역 또는 8,000만원 이하의 벌금에 처하거나 이를 병과할 수 있습니다.